和福尔摩斯一起学思考

He Fu'ermosi Yiqi Xue Sikao **Luoji Youxi**

逻辑游戏

（修订版）

主编 / 于 雷

吉林科学技术出版社

图书在版编目（CIP）数据

逻辑游戏 / 于雷主编. -- 长春 : 吉林科学技术出版社，2024.3

（和福尔摩斯一起学思考）

ISBN 978-7-5578-0208-0

Ⅰ. ①逻… Ⅱ. ①于… Ⅲ. ①智力游戏－青少年读物 Ⅳ. ①G898.2

中国版本图书馆CIP数据核字（2016）第007301号

和福尔摩斯一起学思考

逻辑游戏（修订版）

LUOJI YOUXI

主　　编　于　雷
出 版 人　宛　霞
责任编辑　吕东伦
助理编辑　樊莹莹
封面设计　长春美印图文设计有限公司
制　　版　长春美印图文设计有限公司
幅面尺寸　170 mm × 240 mm
开　　本　16
字　　数　400千字
印　　张　14
版　　次　2024年3月第1版
印　　次　2024年3月第1次印刷

出　　版　吉林科学技术出版社
发　　行　吉林科学技术出版社
地　　址　长春市福祉大路5788号
邮　　编　130118
发行部电话/传真　0431-81629529　81629530　81629531
　　　　　　　　81629532　81629533　81629534
储运部电话　0431-86059116
编辑部电话　0431-81629518
印　　刷　吉林省创美堂印刷有限公司

书　　号　ISBN 978-7-5578-0208-0
定　　价　35.00元

目 录

1 鸽子与鱼

我养的3只鸽子飞进这群鱼中就不见了。真奇怪！请你帮我找出这3只鸽子吧！

2 画中字

这是一幅十分美丽的风景画，其中暗藏着4个字。你能看出来是哪4个字吗？

3 海 浪

这是大海翻滚的浪花。除了海浪、海鸥外，你还看见了什么？

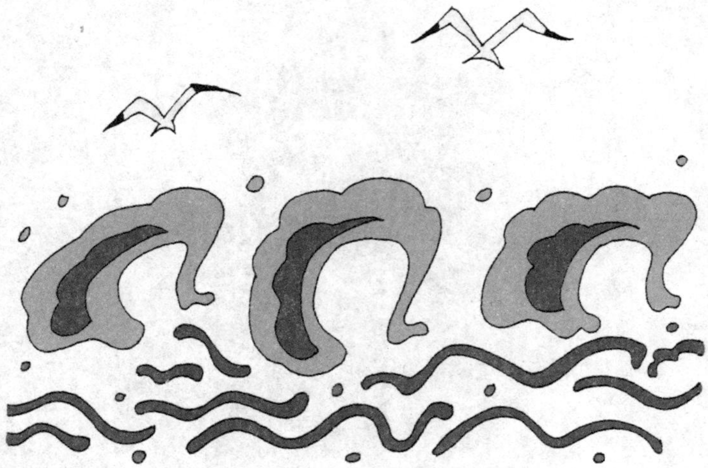

4 林中的秘密

在这片森林里，你还能发现什么？

5 怪东西

这个图形很奇怪，你能看出这个怪东西是什么吗？

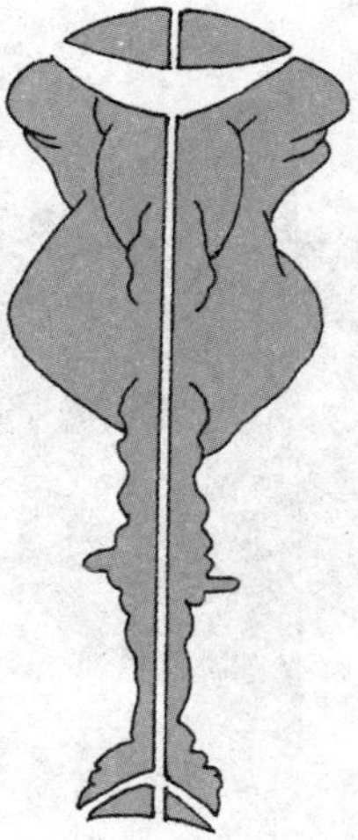

6 农夫在哪里

这头猪东跑西窜，不知是哪位农夫养的，你能找到这位农夫吗？让他赶紧把猪领回去吧。

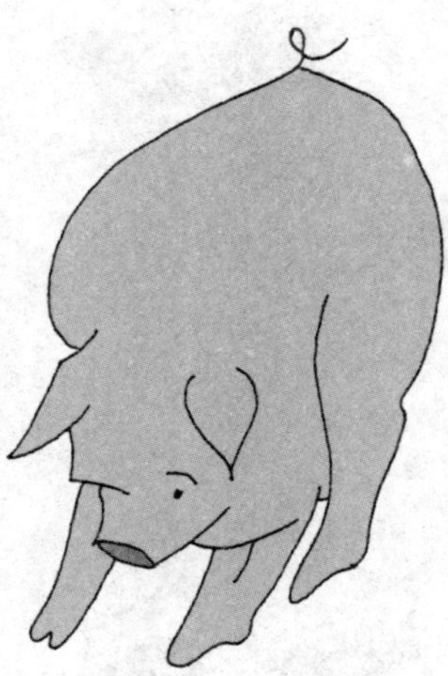

7 这是一条鱼

这是一条鱼，正向右边游去。可我发现，一条与它形状一样，只是小一点的鱼正向左边游去。你能把它找出来吗？

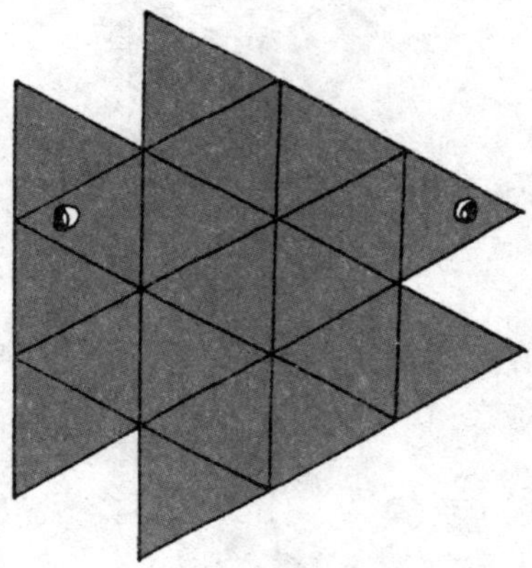

8 谁扔的苹果

这是谁把苹果核到处乱扔？请你把不讲文明的人都找出来。

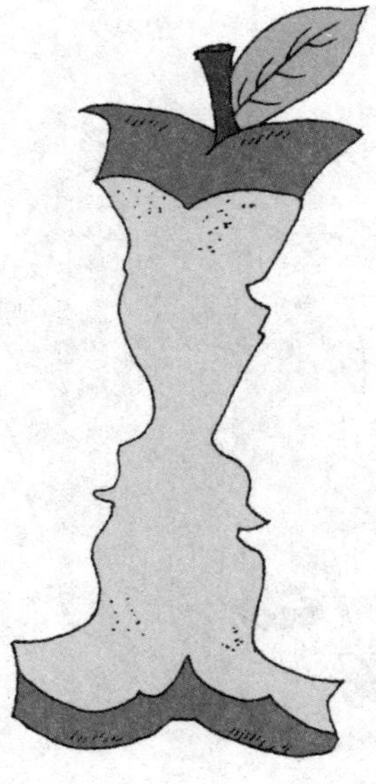

9 蛋糕少了吗

瞧，这位厨师拿来的蛋糕上少了一小块儿。厨师说他没有偷吃，可这块蛋糕究竟在哪儿呢？你能找出来吗？

10 下棋的人在哪

下图是一枚棋子，那么下棋的人又在哪儿呢？请你把他们找出来。

11 逃犯在哪里

有一个逃犯藏在这片树林里，你能把他找出来吗?

12 丢失的兔子

这位魔术师在表演魔术时丢了兔子，很是着急。请你赶快帮魔术师把兔子找回来吧!

13 林子里有人吗

警长追赶一名逃犯，当他追到眼前这片林子里时，逃犯躲了起来，警长找了一会儿也没有找到。你快来帮警长把这名逃犯找出来吧！

14 鸟在哪

你一定看出来这河里有一条鱼，鱼的旁边有一条小船。不过河边还站着一只鸟，它想吃这条鱼呢。这只鸟在哪儿？

15 大山与老人

小明来到一座大山前，他要寻找一位叫“群山老人”的大爷，可他找了半天也没找到这位老人，那么你帮帮小明的忙吧！

16 大胖

这个大胖子吃得太多了。他要是再继续吃下去会怎么样？

17 风景中的影子

警长跟踪一名间谍。当他来到眼前这片树林时，间谍发现了他，并立即藏了起来。你能找出间谍吗？

18 精美的酒杯

这是一只精美的酒杯，可喝酒的人在哪儿呢？请你把他们找出来！

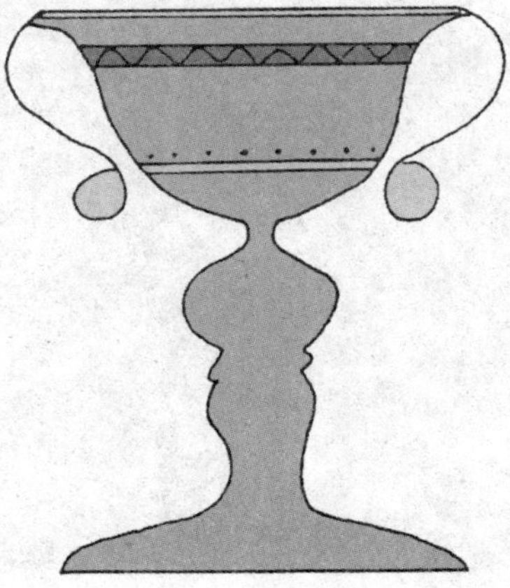

19 消失的朋友

佳佳到山里去看望他的一位朋友，可这位朋友因为以前的一点儿小事不愿见他，便藏在了树林里。你能帮佳佳找到他的朋友吗?

20 波尔的马

这是农夫波尔的马，可波尔又到哪儿去了呢?

21 迷失方向的姑娘

在这片森林里，有两个巨人正在寻找一个姑娘，你能把他们都找出来吗？

22 滑稽兔

这只兔子逃脱的样子十分滑稽，惹得鸭子在一旁哈哈大笑。那么，你看见鸭子了吗？

23 威武的骑士

这是一位骑士，他正拿着枪到处寻找他的对手，但都没有找到，你能找到吗？可千万别告诉他！

24 难过的老人

这个人很伤心。跟他说个笑话让他笑一笑吧。但是想一想，也许会有更简单的办法。

25 圆心在什么地方

请你仔细观察一下圆中的两个点，哪一个才是圆心？

26 你能看到什么图形

看上去，这个图形有4个黄色的箭头。你还能发现什么图形吗？

27 字母知多少

你能在这个图案中找出多少个字母？

28 比大小

请你观察一下，这两把勺子哪一把比较大？

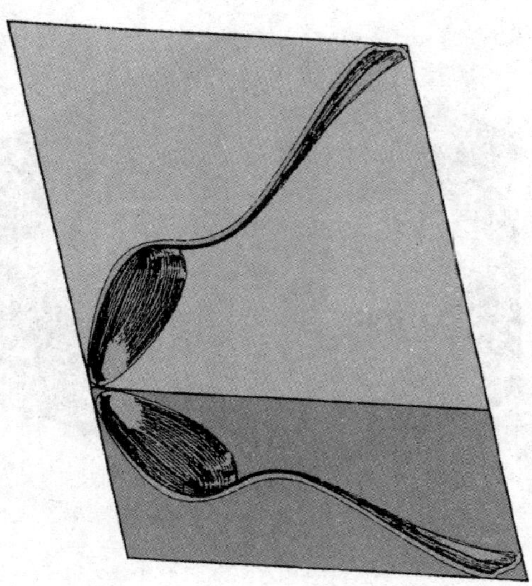

29 圆圈里有什么图案

你仔细瞧瞧，圆圈中是不是4个正方形？

30 哪个帽子更大

这是两顶护士帽，看起来哪一顶要更大一些？

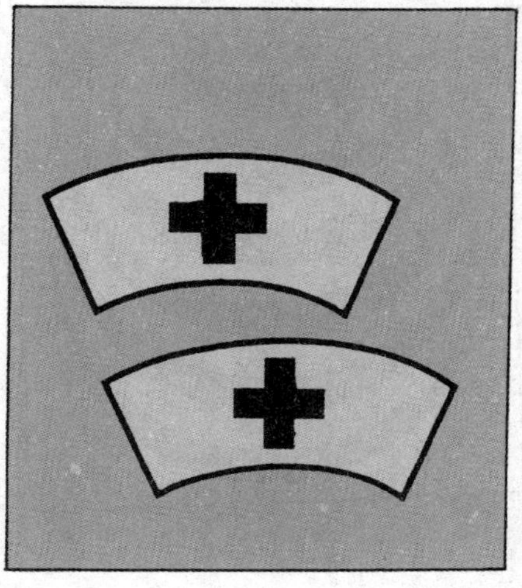

31 黑白条纹

这个图案由5条白色条纹和6条黑色条纹组成，你还能看出其他什么吗？请把它找出来。

32 斑马球

请问，小圆点是在大圆圈的中心吗？

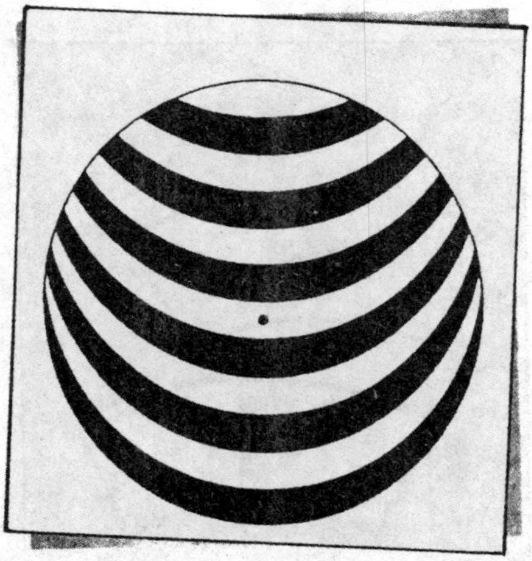

33 是长还是短

请你快速地说出线段1比线段2、3长还是短。

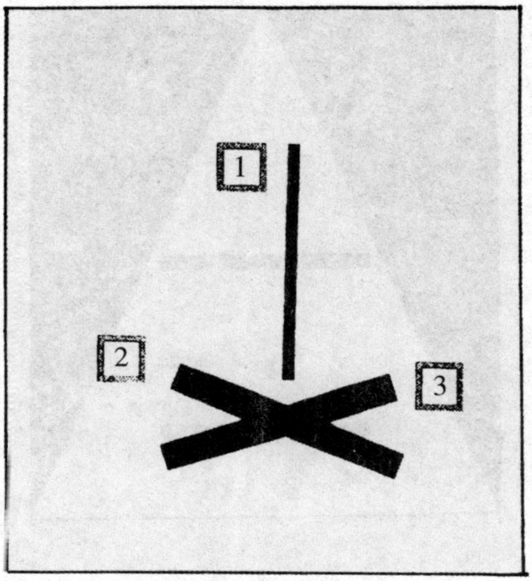

34 蜘蛛与蝴蝶

图中有一只蜘蛛和一只蝴蝶，哪一只离直线比较近？

35 哪条线长

这两条线段哪一条长，上面的那条，还是下面的那条？

36 盒　子

这两只盒子哪个比较高，哪个比较宽？

37 图中图

大图中含有一个与其左下方图形相似的图形，你能把它找出来吗？

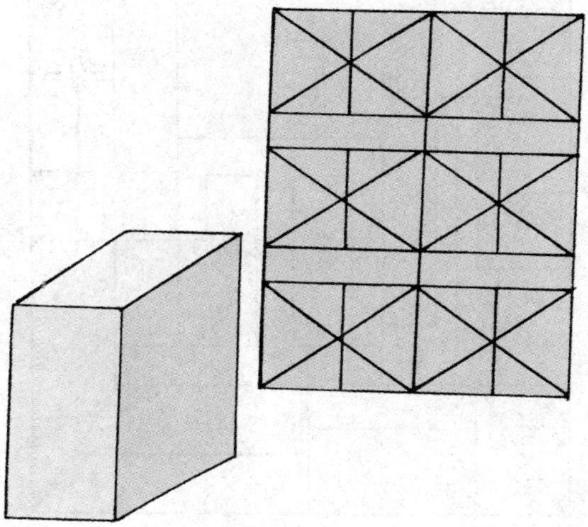

38 有相似的图吗

请你仔细观察，在大图形中找出与其右上角图形相似的图形来。

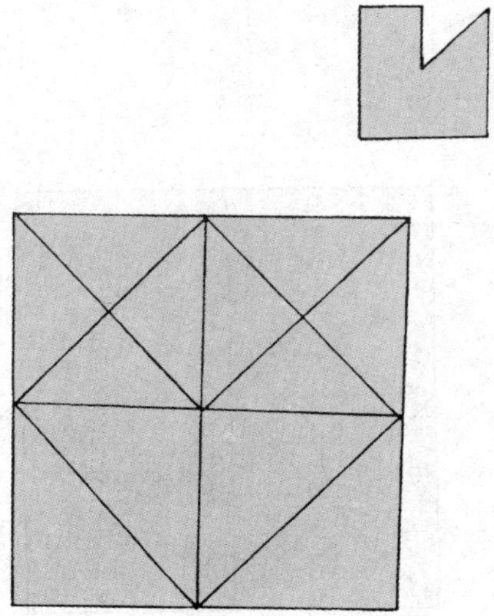

39 图中字

这个图案中藏有一个字母，请你把它找出来，看看究竟是哪一个字母？

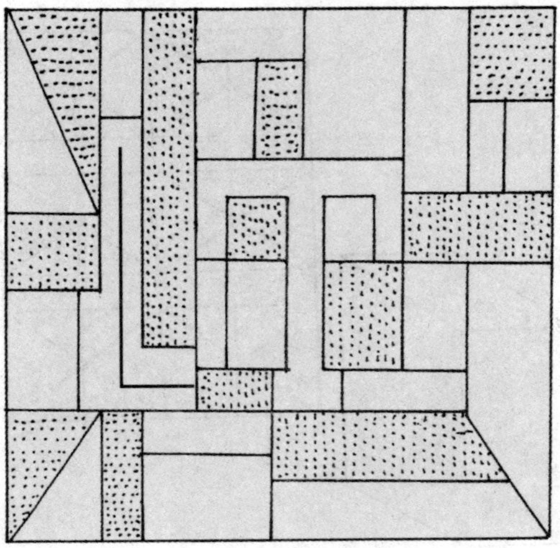

40 有相似图形吗

大图形中含有一个与其左上方图形相似的图形，请你把它找出来。

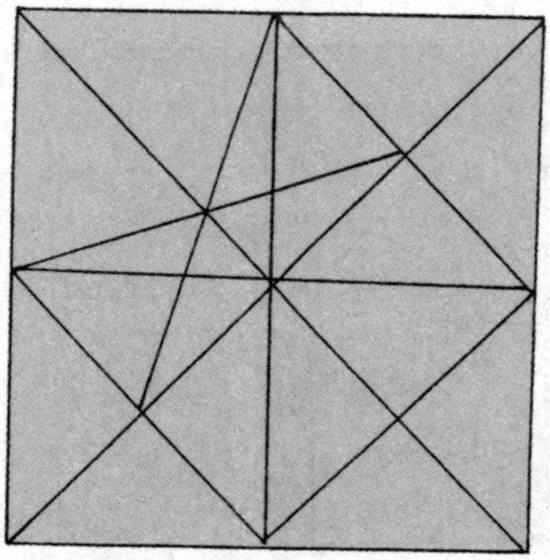

41 找相似1

请你仔细观察，大图形中含有一个与其右上角图形相似的图形，请你把它找出来。

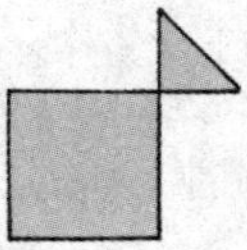

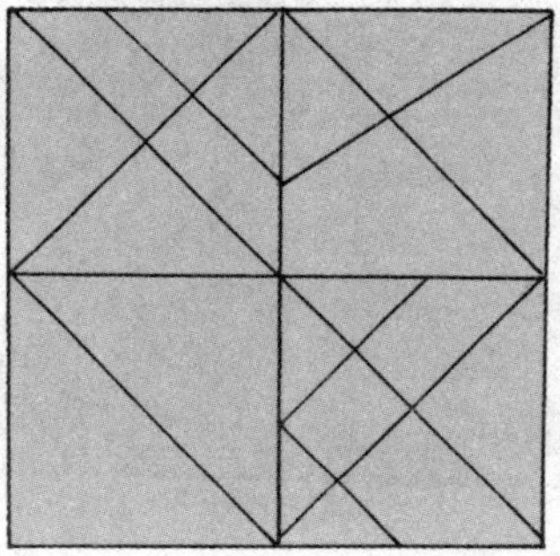

42 找相似2

请你仔细观察，大图形中含有一个与其右上角图形相似的图形，你能把它找出来吗？

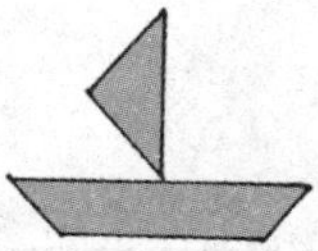

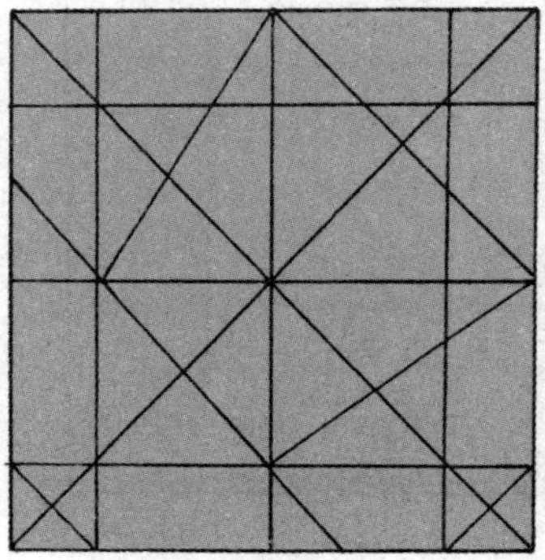

43 找相似3

这个图案中隐藏着一个花瓶，请你把它找出来。

44 找相似4

请你仔细观察，大图形中含有一个与其右上角图形相似的图形，请你把它找出来。

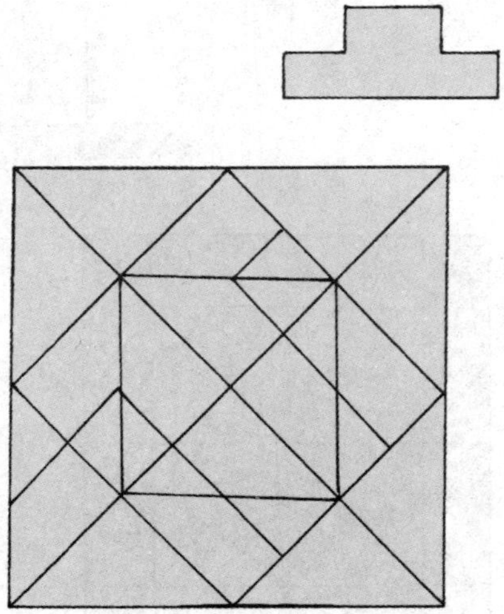

45 找相似5

大图形中含有一个与其下方图形相似的图形，请你把它找出来。

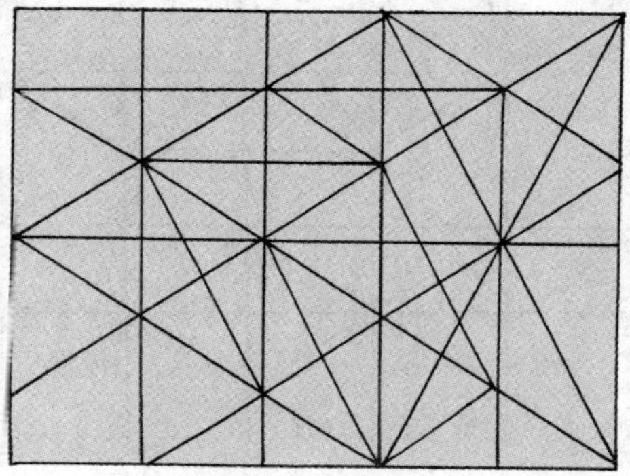

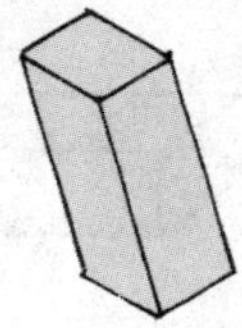

46 找相似6

这个图案里藏有一条热带鱼，你看见了吗？请你在60秒内把它找出来。

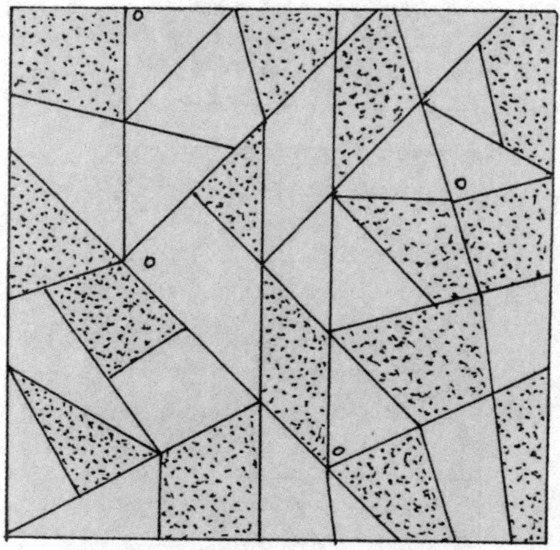

47 找相似7

大图形中含有一个与其下方图形相似的图形，请你把它找出来。

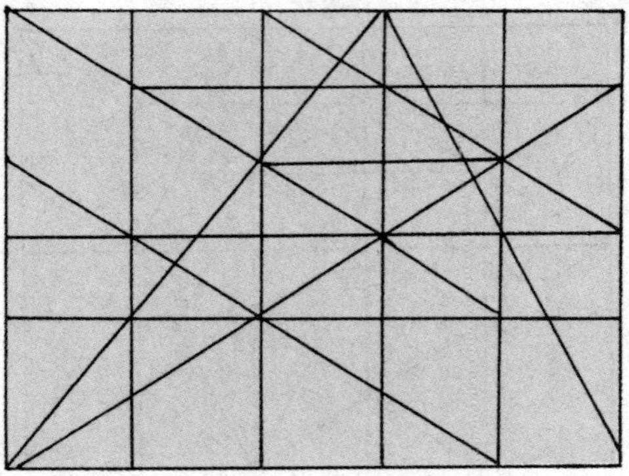

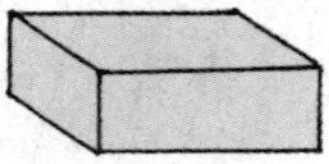

48 找相似8

大图形中含有一个与其上方图形相似的图形，请你把它找出来。

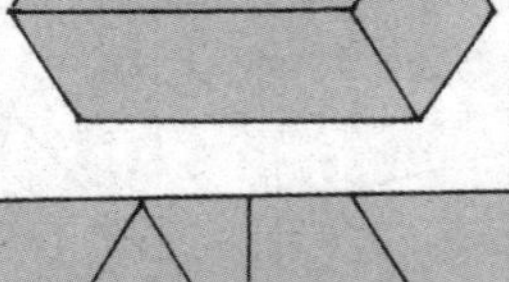

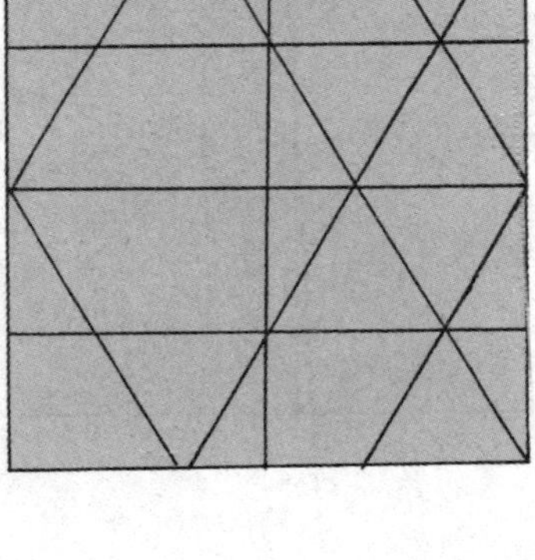

49 找相似9

大图中含有一个与其上方图形相似的图形，你能把它找出来吗？

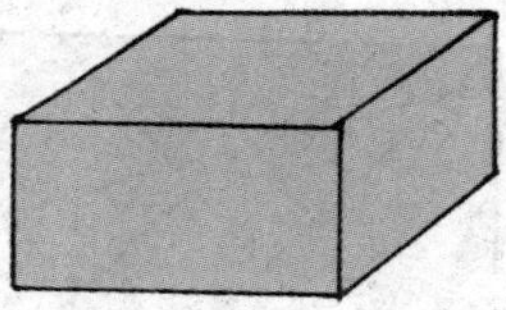

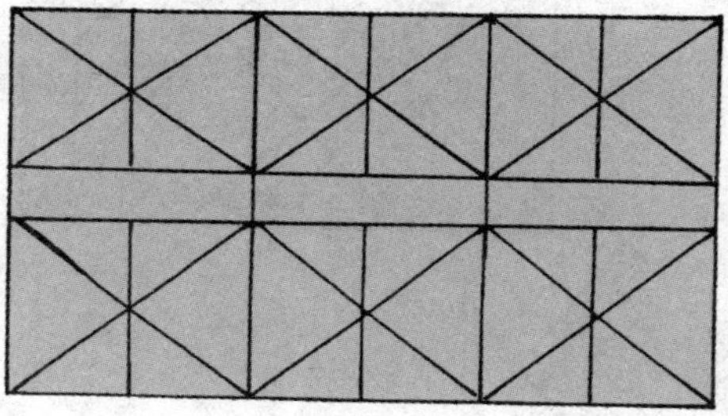

50 找相似10

下面的小图形是一个花瓶，它就藏在大图形中，你若能把它找出来，你就是一个聪明的孩子。加油吧！

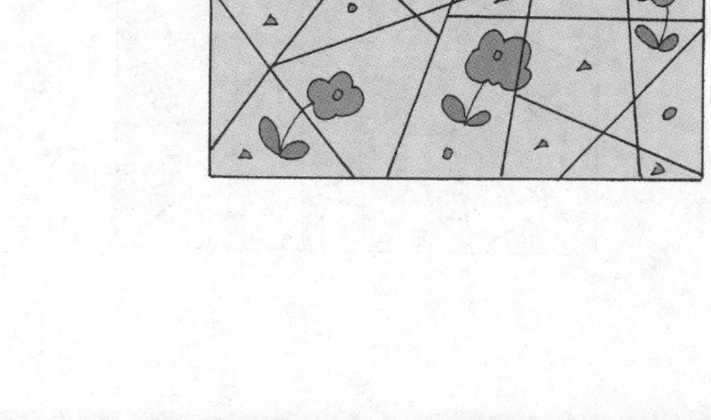

51 找相似11

请你仔细观察，把大图左下方的图形在大图形中找出来。你能行吗？

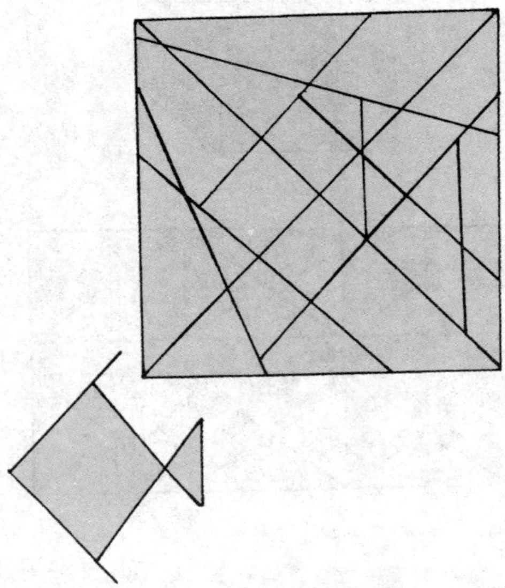

52 找相似12

这个图案中有一颗五角星，你能把它找出来吗？

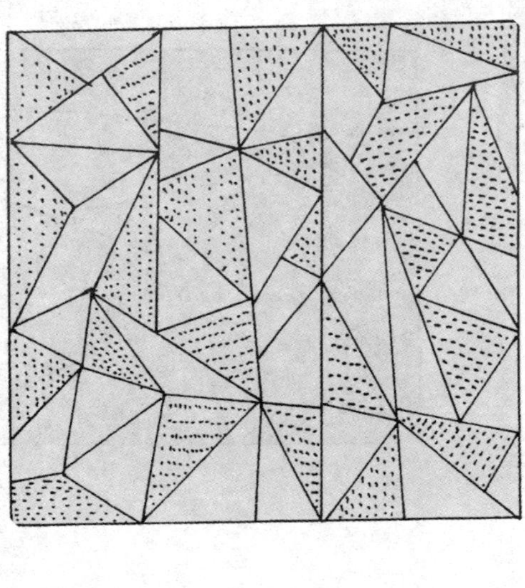

53 大鱼与小鱼

这条大鱼把旁边的那条小鱼吞进肚子里了。请你把小鱼从大鱼的肚子里找出来吧！

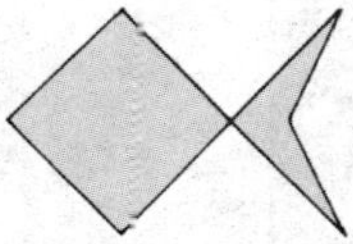

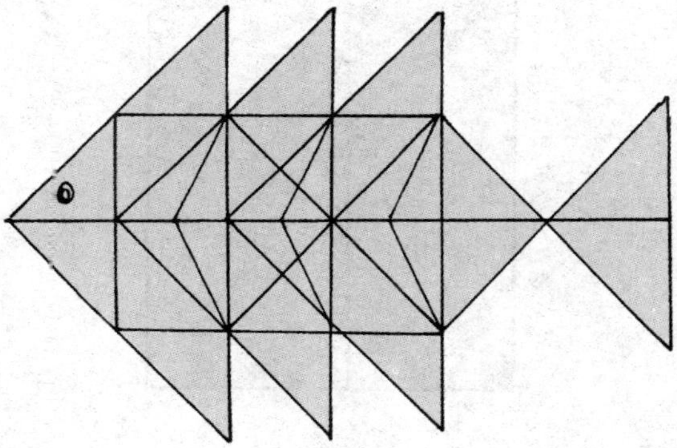

54 想象一下

你能发挥想象力，说出这个图形画的是什么吗？这样东西可是很常见的哟！

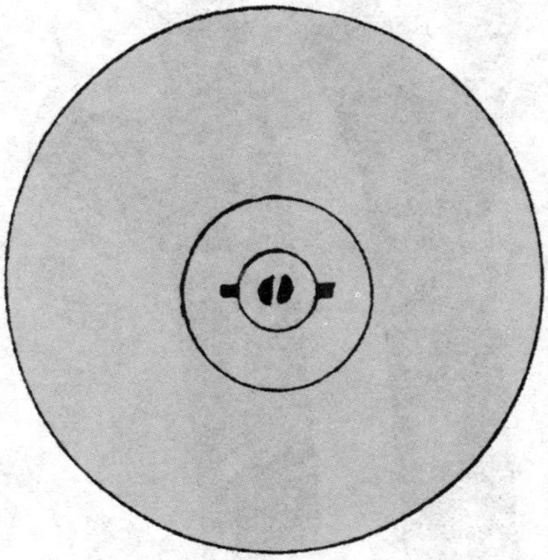

55 是衣柜还是门

这个图形有点儿特别，你能发挥想象力，说出它是什么吗？

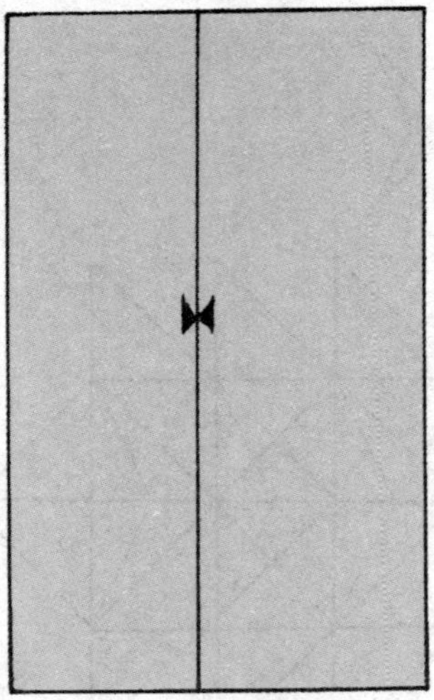

56 汉字的形状

请发挥你的想象力，说说下图表示一个什么汉字。

57 看图说话

请发挥你的想象力，说说下面的图表示哪一个汉字。

58 齿　轮

你能发挥想象力，说出这个图形画的是什么吗？不过我可以告诉你，它是一种粮食，是什么粮食，你自己想吧！

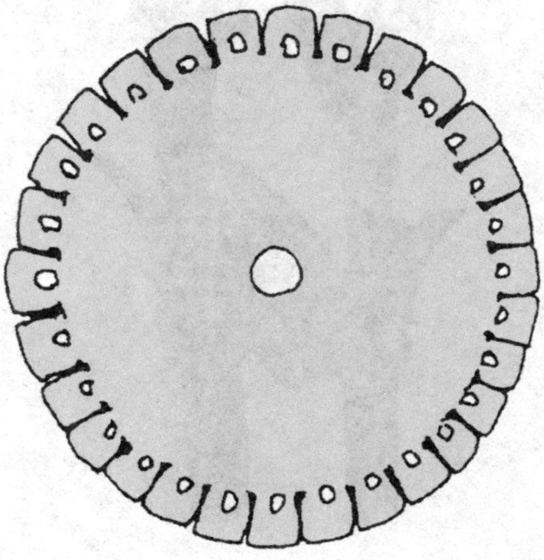

59 这是什么

你能想象出这是什么东西吗?

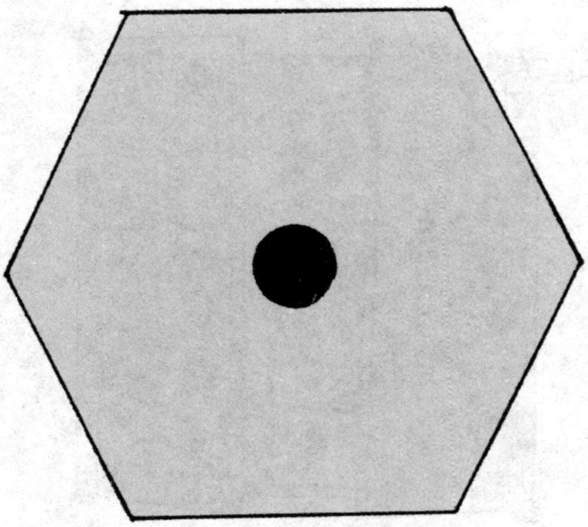

60 树的形状

请充分发挥你的想象力，说一说下图表示哪一个汉字。

61 脚踩七彩云

请发挥你的想象力，说一说下图表示哪一个汉字。

62 稳　当

请你运用对语言的理解与想象力，说一说下列图形中哪一个最符合“稳当”的词意。

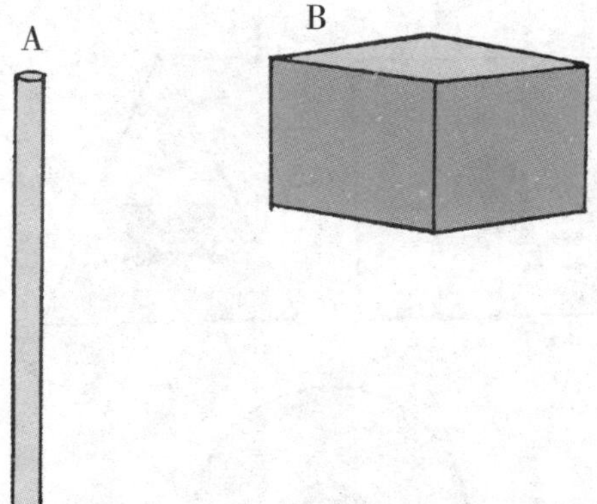

63 外星飞船

如果地球人与外星人联系上了，地球上的什么东西可以出口到外星球？请你大胆设想。

64 表里如一

请你运用对语言的理解与想象力，指出下列图形中哪一幅最符合“表里如一”的词意。

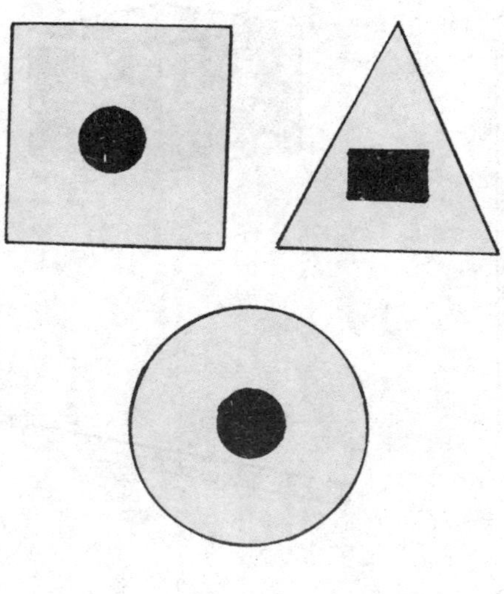

65 射箭靶

你能想象得出这是什么吗？想得出多少想多少！

66 树

请发挥你的想象力，说一说下图表示一个什么汉字。

67 一头大象

这头象想拔起这段木桩，你能想象得出它表示哪一个汉字吗？

68 这是什么

请你想象一下，这是个什么样的东西？

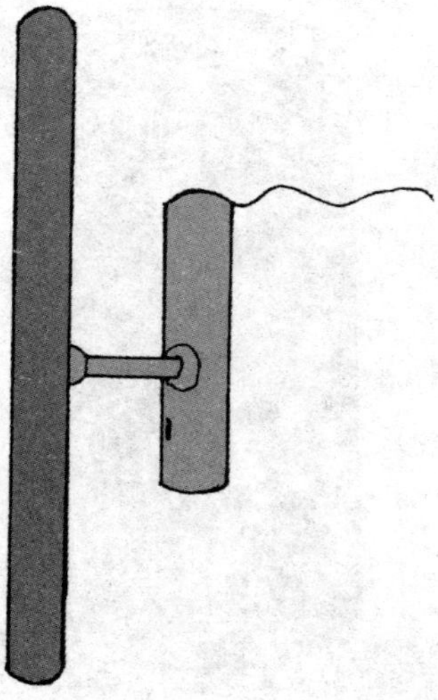

69 铅　笔

铅笔是你学习时不可缺少的工具。那么，你认为铅笔除了写字外，还能有什么用途？

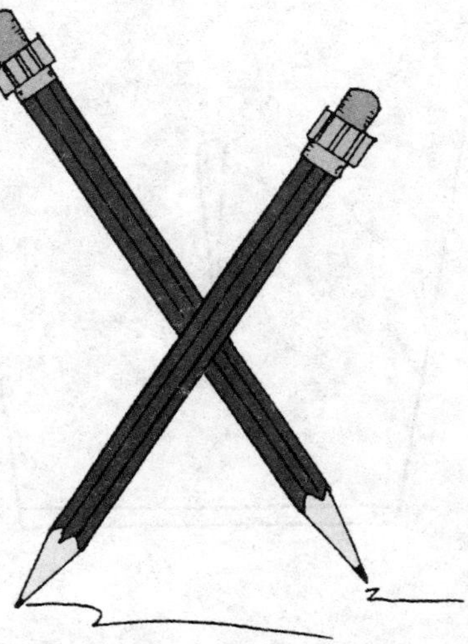

70 匀　称

请你运用对语言的理解与想象，指出下列图形中哪一幅最符合“匀称”的词意。

71 图形画

你能发挥想象力说出这个图形画的是什么吗？这件东西可是你经常用的。

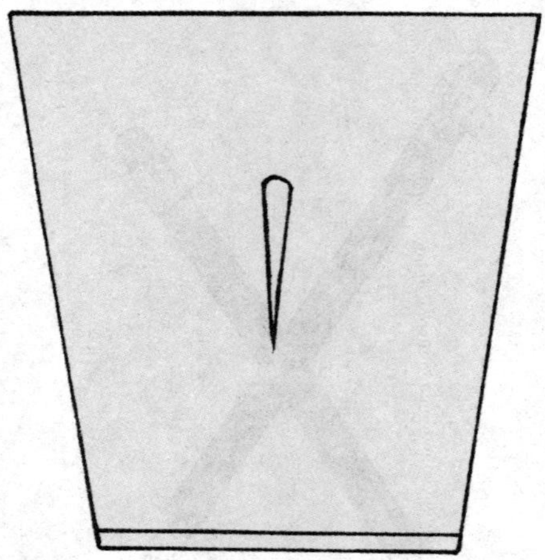

72 大人和孩子

请发挥你的想象力，说一说下图表示哪一个汉字。

73 三个人

请发挥你的想象力，说一说下图表示哪一个汉字。

74 玻　璃

如果这不是一块普通的玻璃，你能想到它的神奇之处吗？

75 家里都用的

你能发挥想象力，说出这个图形是什么吗？很多人家里都用啦！

76 和　谐

请你运用对语言的理解和想象力，指出下列图形中哪一幅最符合“和谐”的词意。

77 碗

你能想象得出这个图形是什么东西吗？这个东西你可天天都在用。

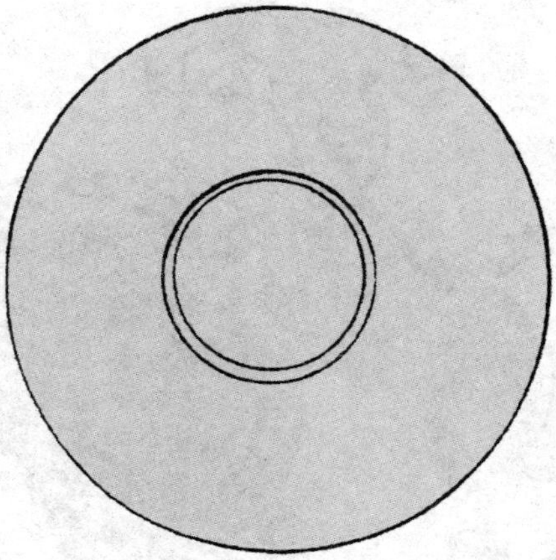

78 月亮和太阳

请发挥你的想象力，说一说下图表示哪一个汉字。

79 小狗和西瓜

请你发挥想象力，说一说下图表示哪一个汉字。

80 回形针

这是你常见的回形针。那么你能说说它的用途吗？

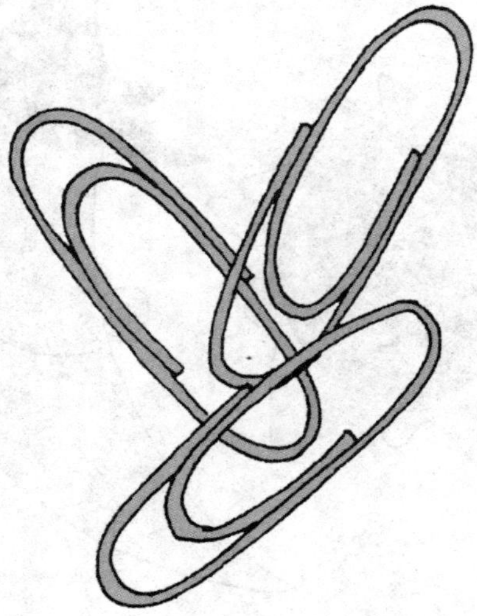

81 门

请你想一想，这是个什么东西？这可是你每天都能遇上的。

82 痛　苦

请你发挥想象力，指出下边的脸谱中，哪一个最符合“痛苦”的词意。

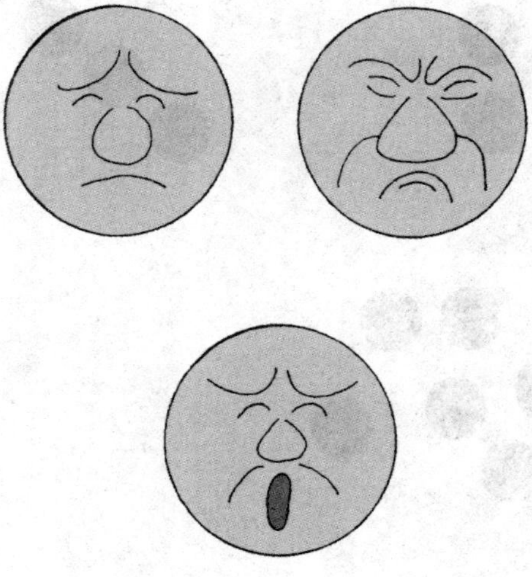

83 易拉罐

这是一个废弃了的空易拉罐，那么你还能用它做什么？

84 凌　乱

请你运用对语言的理解与想象力，指出下边的图形中哪一幅最符合“凌乱”的词意。

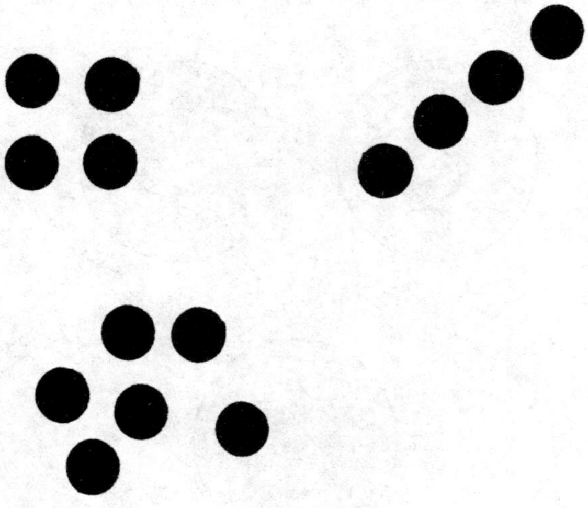

85 隐藏的小猪

请你想象一下，这幅奇怪的图画的是什么呢？这可是你见过的哟！

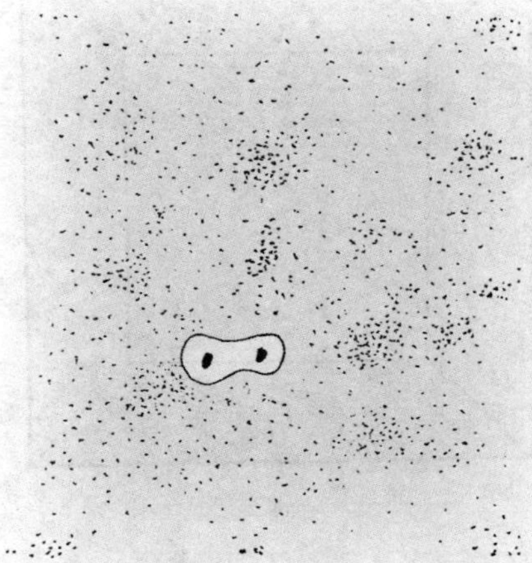

86 家用图形

你能想象得出这个图形是什么吗？在你家里就可能有哦！

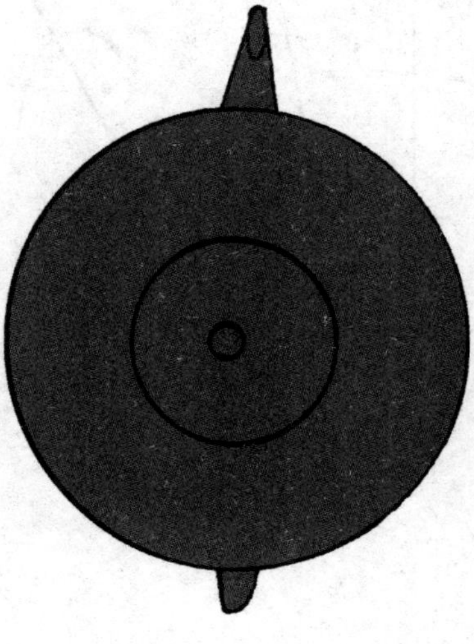

87 3种图形

你能想象得出这个图形是什么吗？至少说出3种东西。

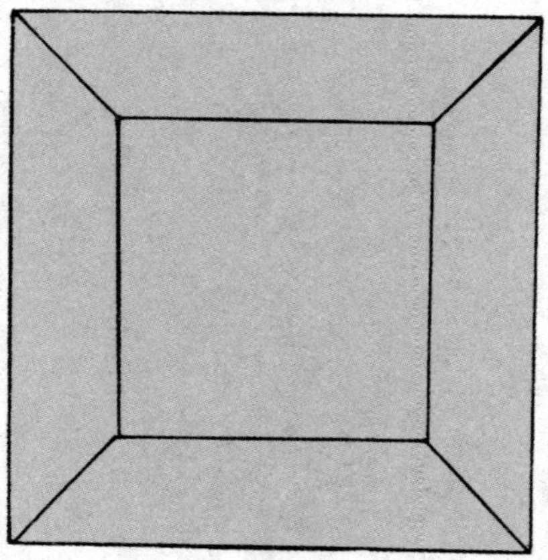

88 统 一

请你运用对语言的理解与想象力，指出下列图形中哪一幅最符合“统一”的词意。怎么样，快想吧！

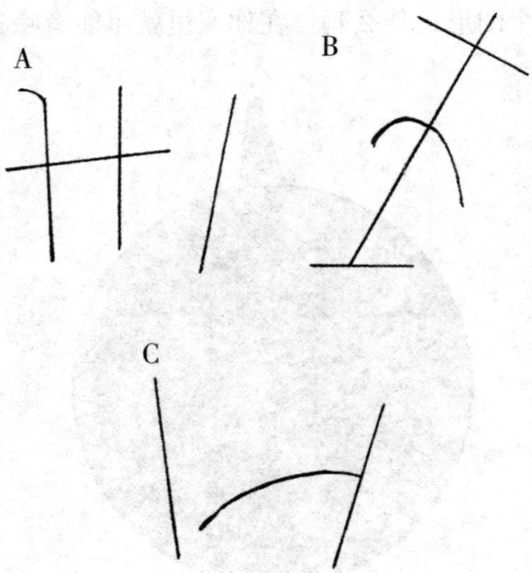

89 图　钉

图钉可以钉图片，想象一下它还有哪些用途。

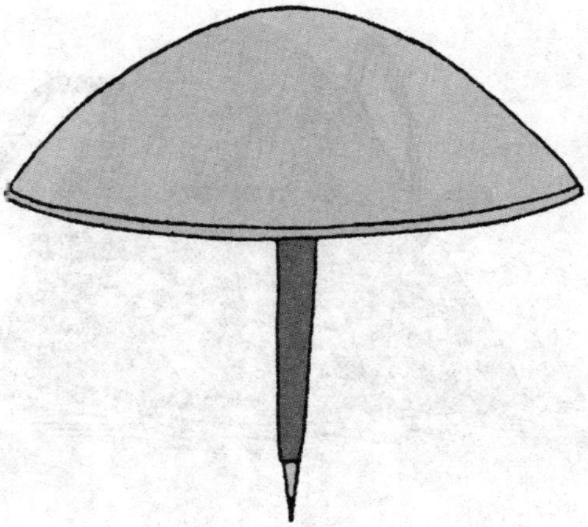

90 常用物品

你能发挥想象力，说出这个图是一个什么常用物品吗？

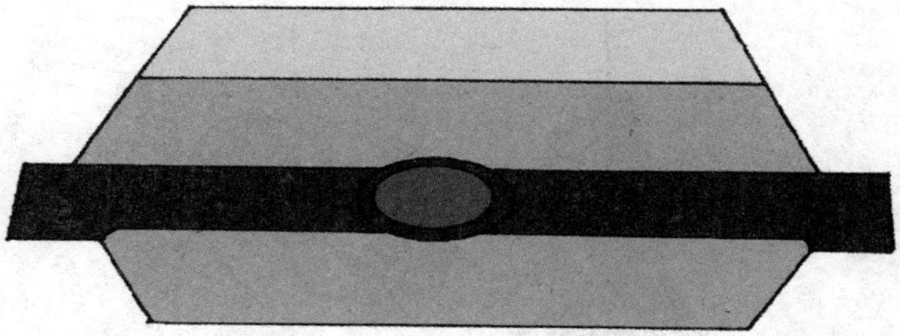

91 书 包

书包是用来放书和文具用品的。你能设计出更理想的书包来吗？

92 鱼和羊

请发挥你的想象力，说一说下图表示哪一个汉字。

93 星　月

请发挥你的想象力，说一说下图表示哪一个汉字。

94 日常用具

你能发挥想象力，说出这幅图画的是我们日常生活中的什么用具吗？

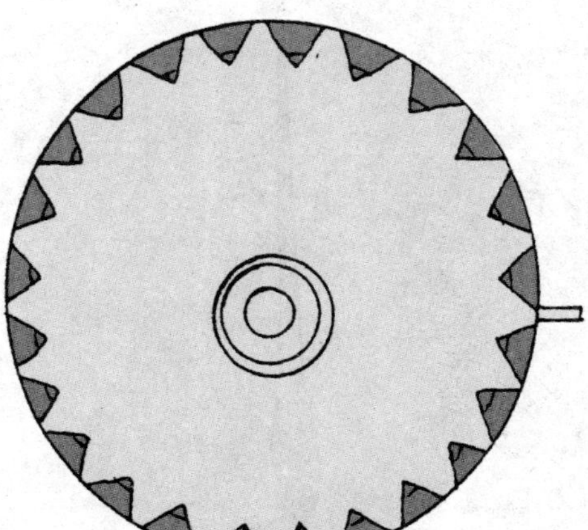

95 自行车

自行车是你见惯了的交通工具，你认为还有没有可改进的地方，你能提出几种方案来？

96 针

你能发挥想象力，说出这幅图画的是我们日常生活中的什么东西吗？

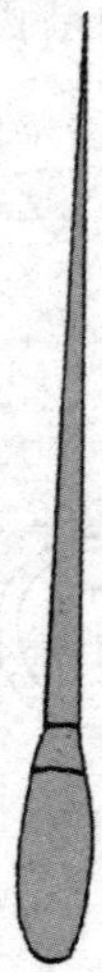

97 生活用品1

你能发挥想象力，说出这幅图画的是我们日常生活中的什么东西吗？

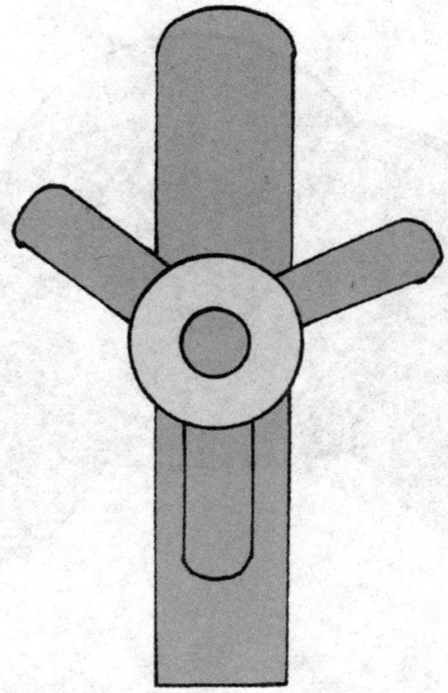

98 生活用品2

你能发挥想象力，说出这幅图画的是生活中的什么东西吗？

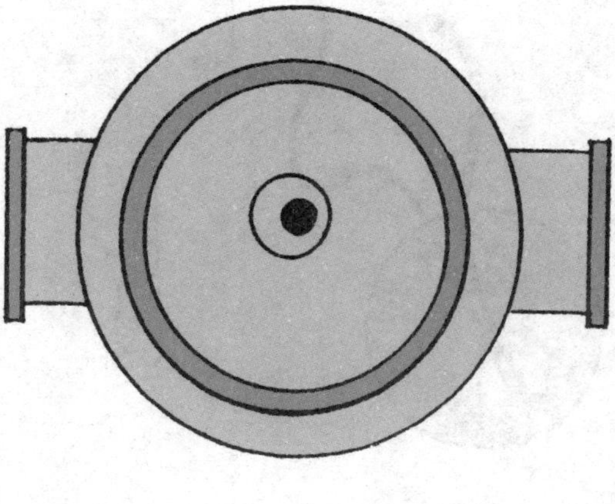

99 奇怪的图案

这幅图有点奇怪，你能想象出它画的是什么吗？

100 铁环与钥匙

你有办法把铁环与钥匙分离开来吗？当然，不能剪断绳索。

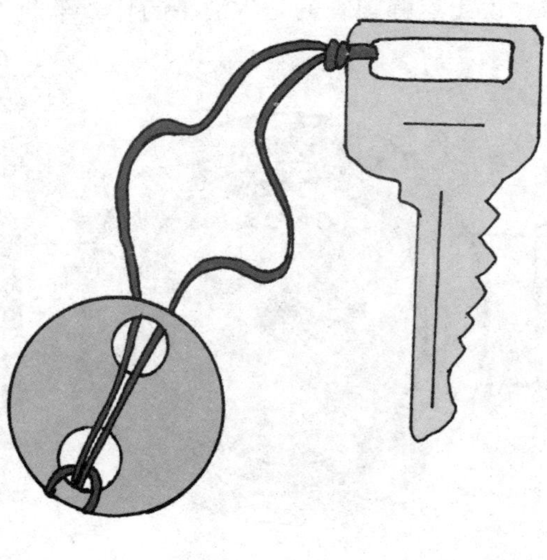

101 水壶与铁环

这个水壶与一个铁环连上了。你有什么办法，在不借助任何帮助的情况下，把水壶与铁环分开吗？

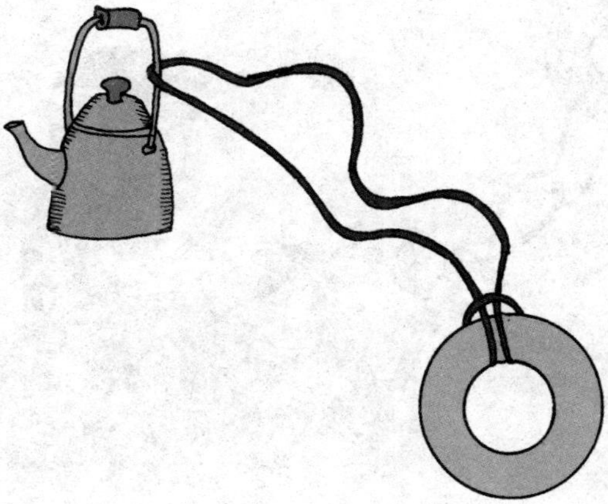

102 栅　栏

看，这儿有个铁环，你能将铁环拿走吗？当然，你不能剪断绳索，也不能砸烂栅栏。好好动动你的脑筋吧！

103 铁环与钥匙2

这个铁环和钥匙连接着，在不剪断绳索的前提下，你有什么办法把铁环与钥匙完整地分开？

104 铁 环

这两个铁环用绳索连着，看上去十分简单，但要解开它们，就不那么容易了。如何解开呢？开动你的脑筋吧！

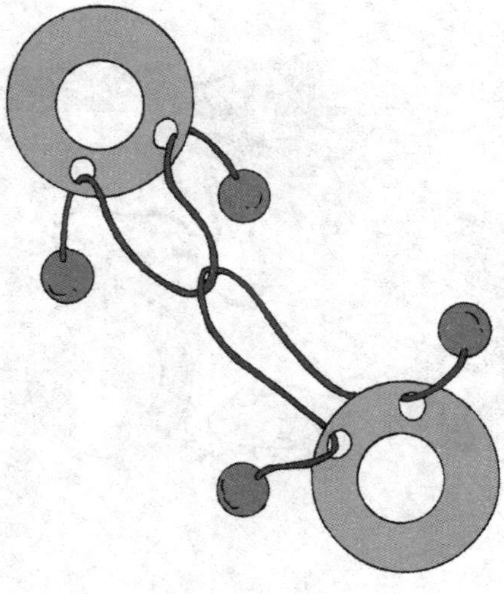

105 取钥匙1

请你把这把钥匙取下来，能办到吗？当然，不能剪断绳索。

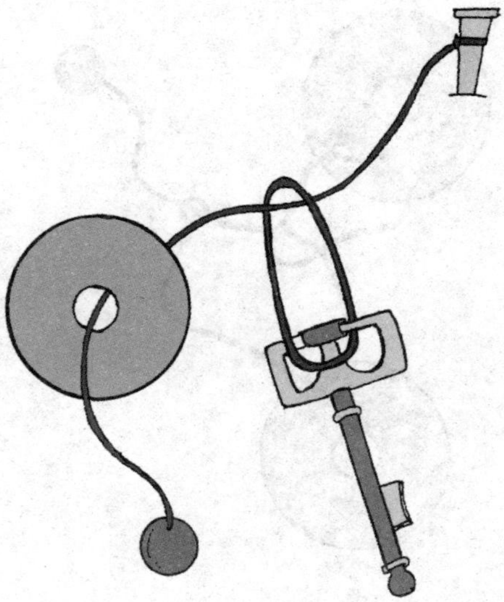

106 取钥匙2

你能把钥匙从铁环上取下来吗？当然，不能剪断绳索。

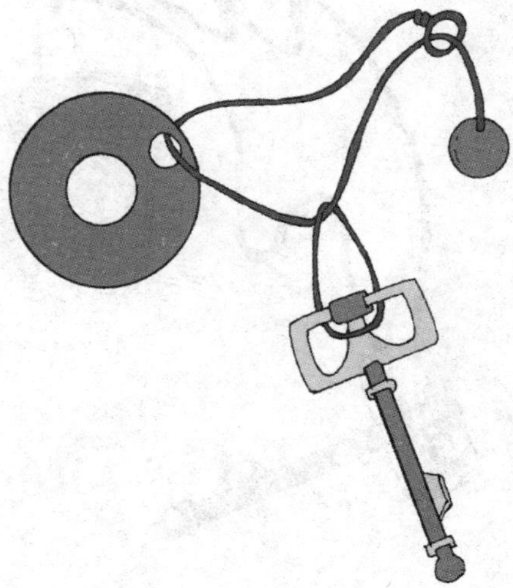

107 相连的铁环

你有办法不剪断绳索就将这两个相连的铁环分开吗?

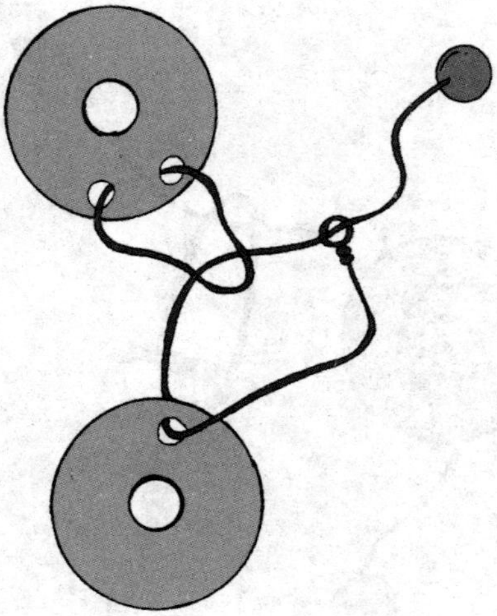

108 水桶与钥匙

你有办法把这把钥匙从水桶上取下来吗?当然,不能剪断绳索。

109 分开铁球与钥匙

铁球无法通过木桩上的两个小孔。不借助其他任何东西，把铁球与钥匙分开，你能办到吗？

110 取钥匙3

这把钥匙这样被连着，你有什么办法在不剪断绳索的情况下，把钥匙从铁环上取下来？

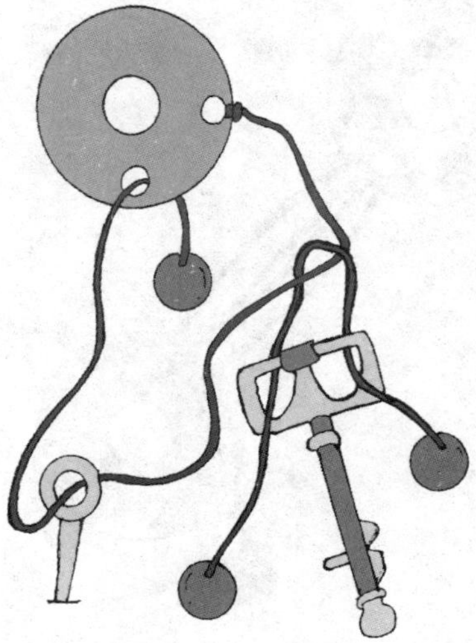

111 分开铁环与钥匙

你能将这把钥匙与这个铁环分开吗？当然，不能剪断绳索。

112 两个铁环

A与B是两个铁环，你能将这个两个铁环分开吗？请你千万要保持绳子的完好无损。

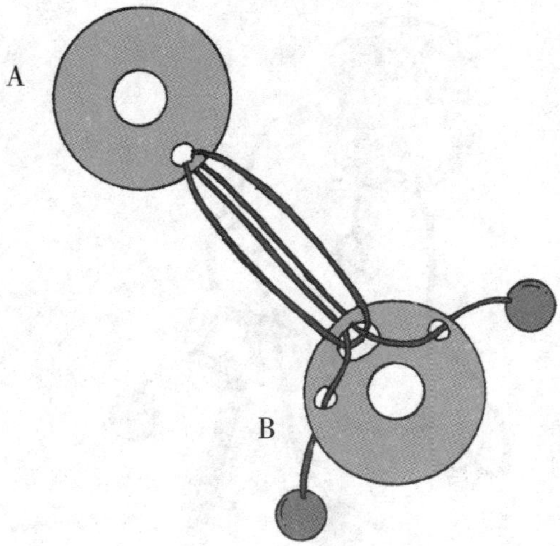

113 一条绳

请你在不取走两端的铁环，也不剪断绳索的前提下，将中间的钥匙取出来。你能办到吗？

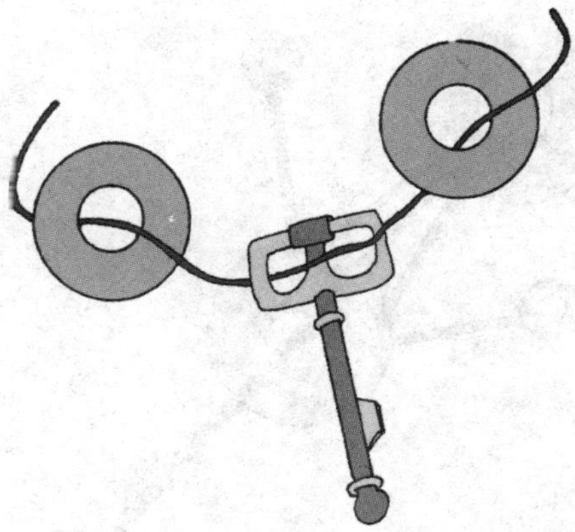

114 长方形框

A是纸剪的长方形框，钥匙和铁环被B纸板固定套在A纸框上。不准剪断任何一样东西，怎样才能取出钥匙和铁环？动动脑筋吧！

115 铁 环1

两个大铁环A和B，被绳索连着，你能把它们分开而又保持绳索完好无损吗？

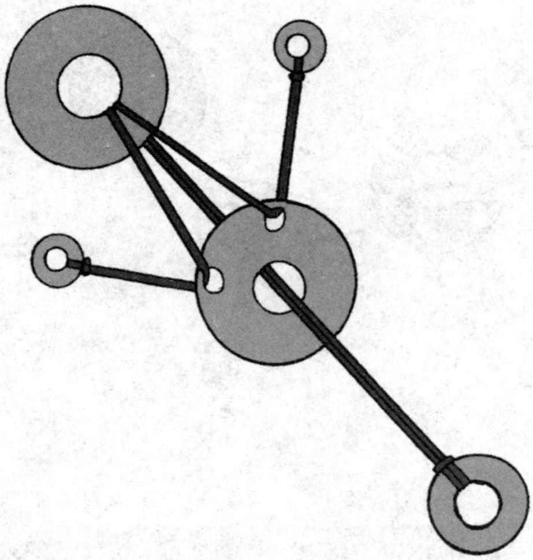

116 铁 环2

这把钥匙与一个铁环连着，你有什么办法能让它们分开？不准剪断绳索哦！

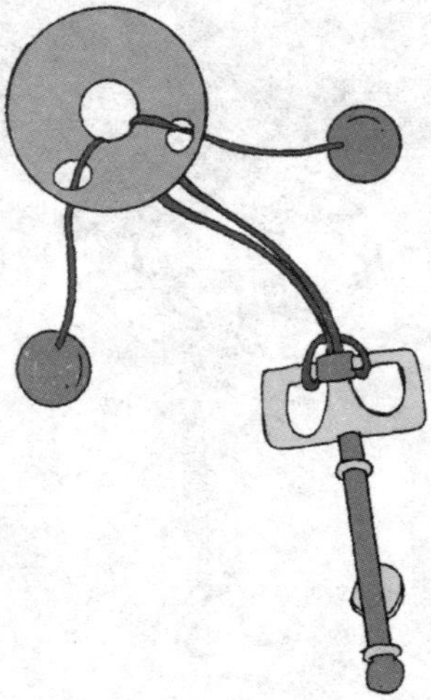

117 铁　环3

不借助任何东西，你能将这两个铁环分开吗？试试吧！

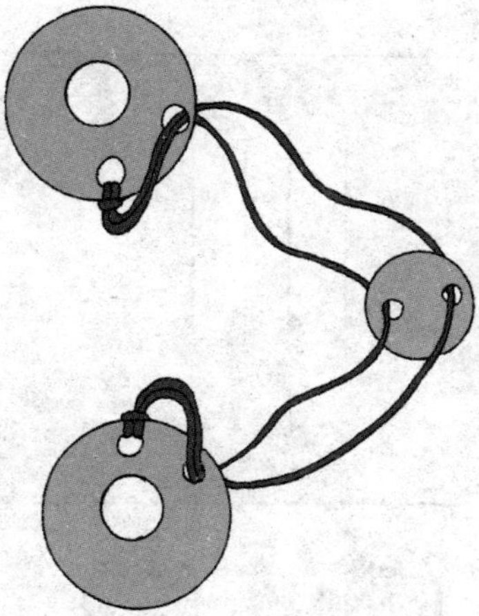

118 铁　环4

铁环与路标牌连在一起了，在不借助任何工具的前提下，你有办法将它们分开吗？

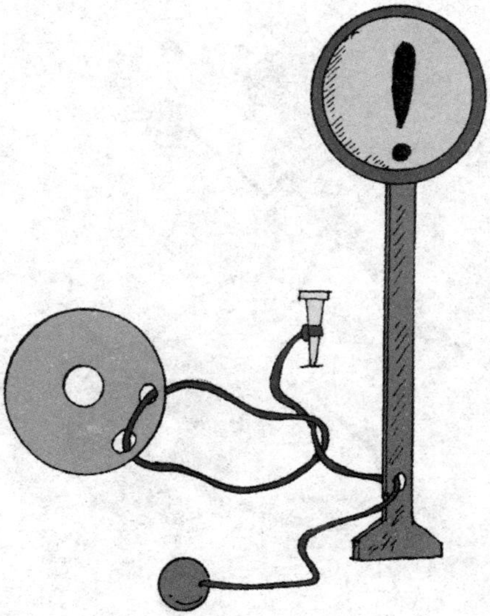

119 铁 环5

有两个纽扣拴在一条绳索的两端，绳索又被一个纸环套住了。你能不解开绳索也不损坏纸环，把纽扣和绳子从纸环上取下来吗？

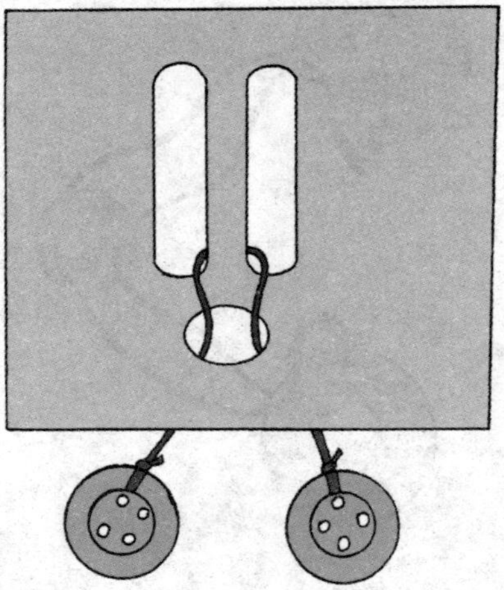

120 铁 环6

这把钥匙与一个铁环套在一起了，你有办法解开它吗？铁环可是被铁钉固定在地上的哟！

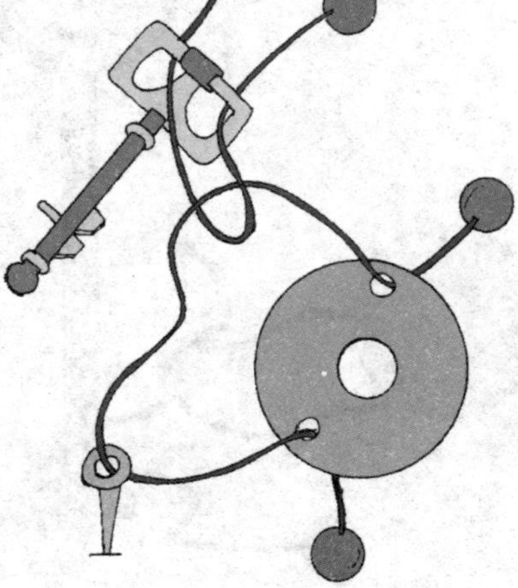

121 铁　环7

这个小推车与一个铁环连在了一起，你能不借助任何工具，把铁环与小推车分开吗？

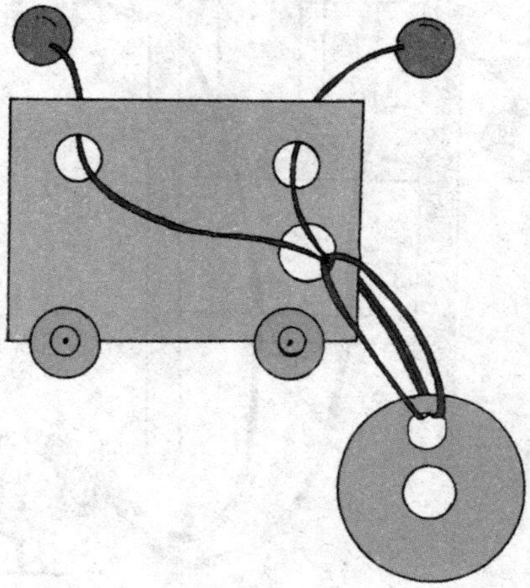

122 铁　环8

两个大铁球被套有4个小环和4个铁球的绳索连在一起了。不能剪断绳索，限你两分钟内把它们解开！

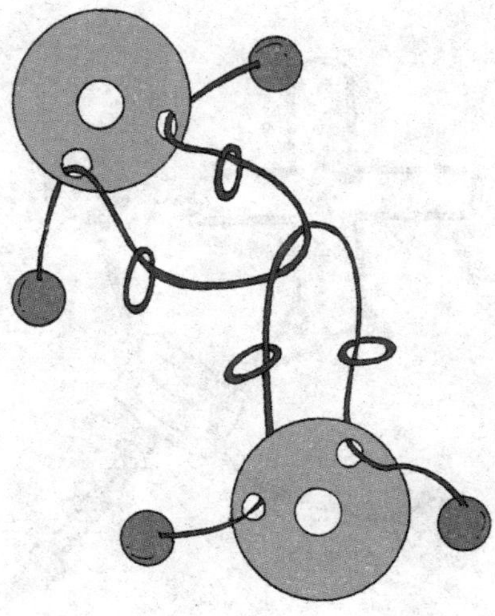

123 铁　环9

这个架子与一个地上的铁环连着，你有办法把它们分开吗？

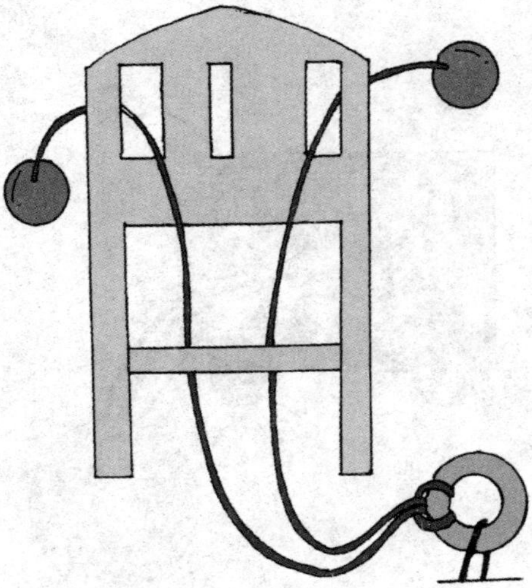

124 铁　环10

这是用细铁丝做的一个十字框，两端各连着一条绳子。绳子末端各系着一枚纽扣，绳子上面有一把不能通过纽扣的钥匙。在不解开绳索的前提下，你能取下钥匙吗？

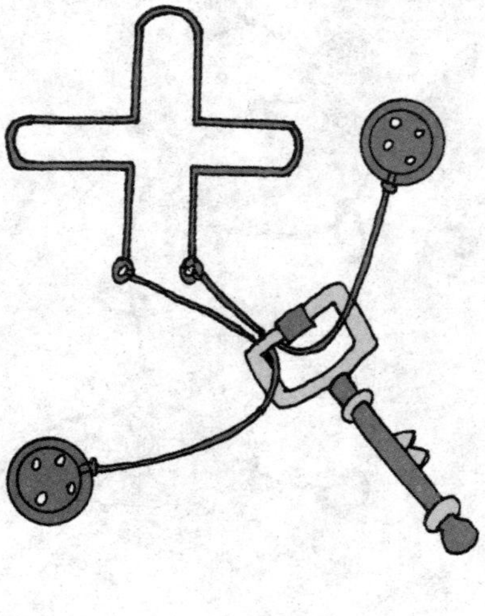

125 铁　环Ⅱ

这两个铁环用绳子连着，中间穿过一颗纽扣，在不损坏铁环和纽扣的前提下，你有办法将这两个铁环分开吗？

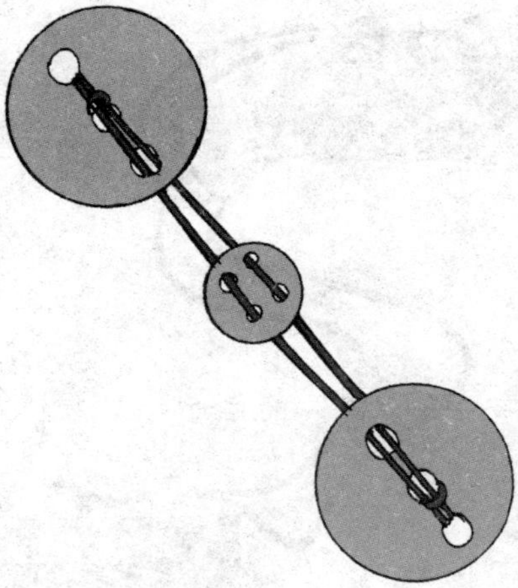

126 提　包

这个提包这样被固定在地上，你能将这个提包取下来吗？当然不能剪断绳索，否则判无效！

127 铁　锭

这两个铁锭用绳子连着，中间还有一个铁环。不剪断绳索，你能将这两个铁锭分开吗？

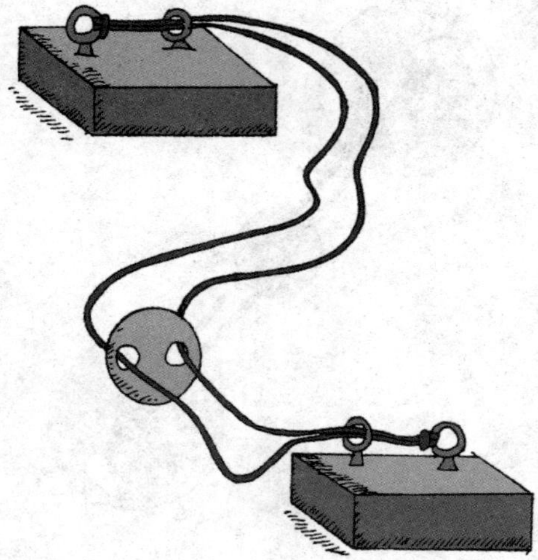

128 钥匙与铁环

这把钥匙与铁环这样相互连着，你有办法让它们分开吗？试试吧！

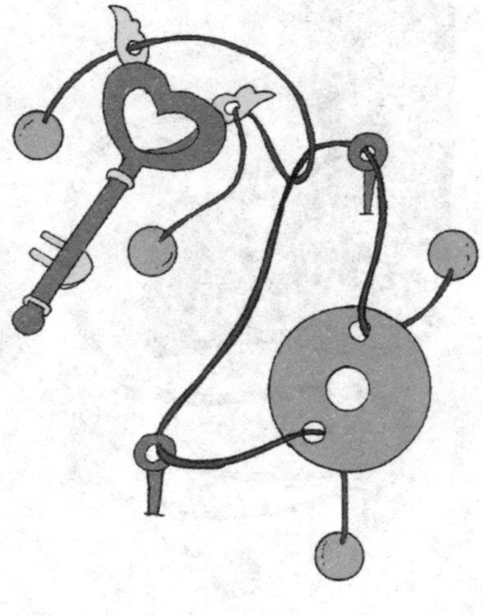

129 铁　环12

这个头像被拴上了两个铁环，请你想想办法，把两个铁环从头像上解开。你能行吗？

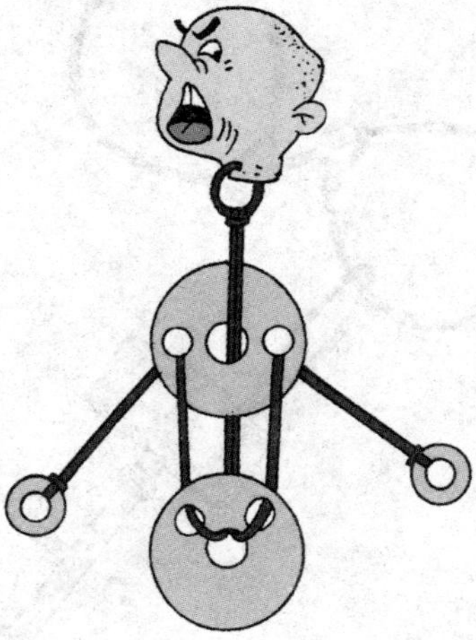

130 铁环与灯柱

你有什么办法把铁环与灯柱分开呢？当然你不能剪断绳索。

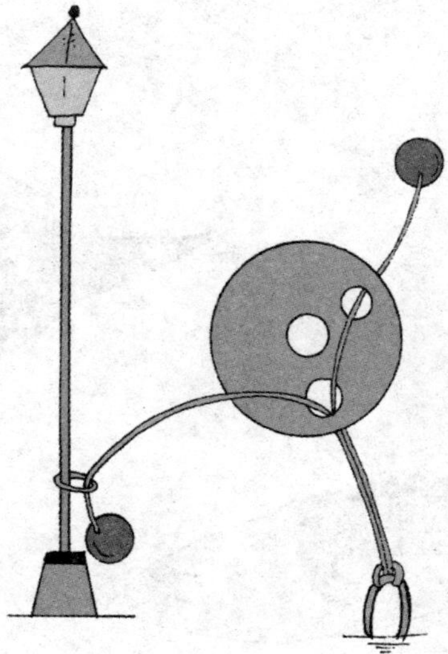

131 钥 匙

你能将钥匙从这个“8”字形的绳索中取出来吗？

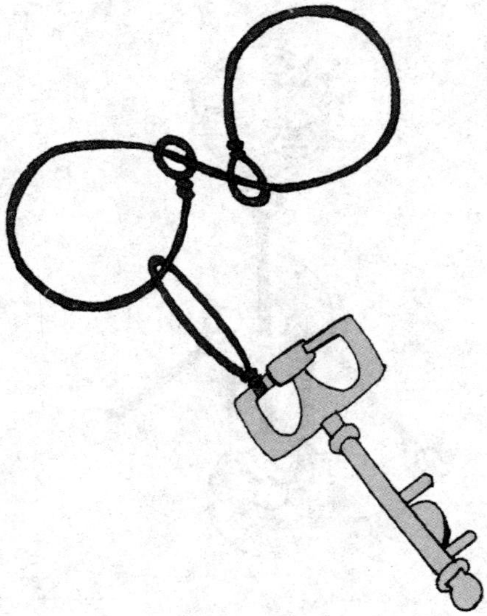

132 导 弹

这架飞机挂着一枚导弹，十分危险，请你赶快想办法把它们分开吧。越快越好！

133 兔头与铁环

骷髅头和兔头被两个铁环拴住了，你能使骷髅头和兔头与铁环分开吗？当然不能剪断绳子。

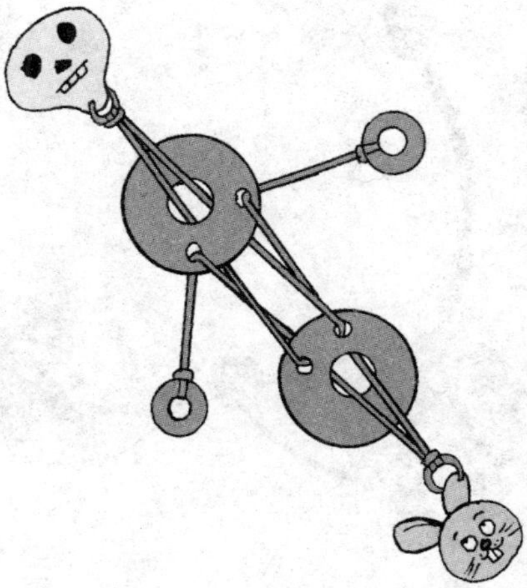

134 三个铁环

这三个铁环被三条带有铁球的绳索连在了一起。要分开它们，看起来十分复杂，但只要动一动脑筋，你也可以不剪断绳索就把它们分开！

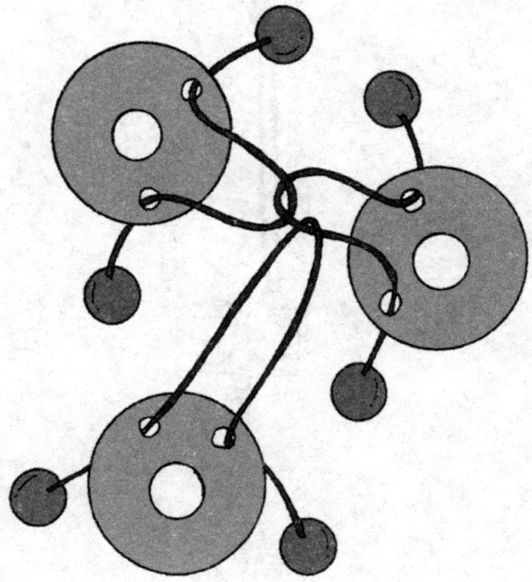

135 相连的铁环

这个铁环被这样连着，你能在不剪断绳索的情况下，把铁环取走吗？

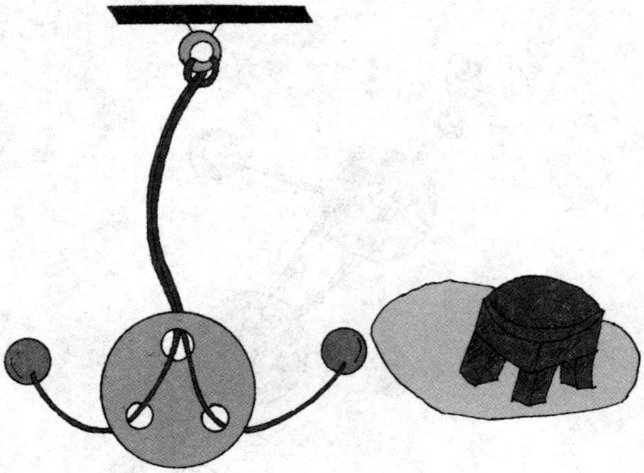

136 巧取钥匙

这把钥匙被吊在这个固定的铁环上，你能把钥匙取下来吗？当然不能剪断绳索和弄坏钥匙。别以为它简单，可得费点脑子哟！

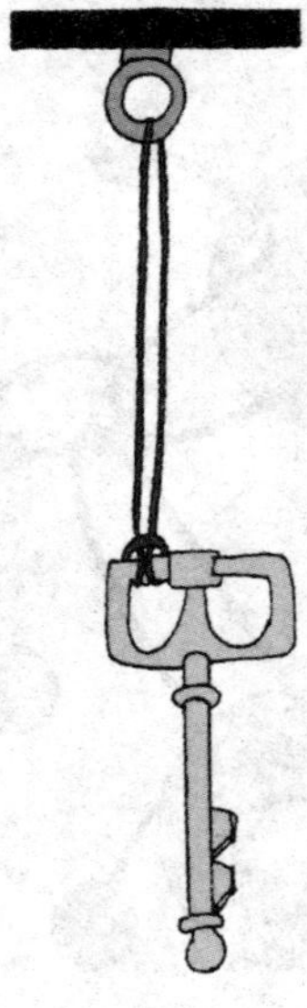

137 头像下的铁环

你能解下拴在头像下的两个铁环吗？当然，不能剪断绳索！

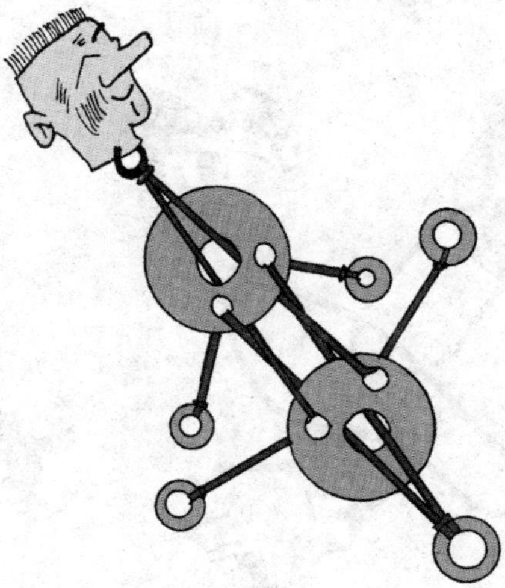

138 四个铁环

这四个铁环，被尾端带有铁球的4条绳索连上了，你有办法解开它们吗？当然不能剪断绳索。

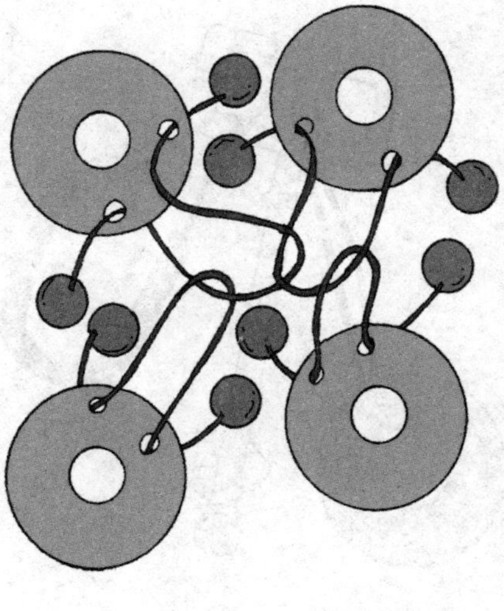

139 两个头像

这两个头像与大铁环都被连在了绳索上，绳索的一头系在一个铁环上。你能在不解开绳索的前提下，将它们彼此分开吗？

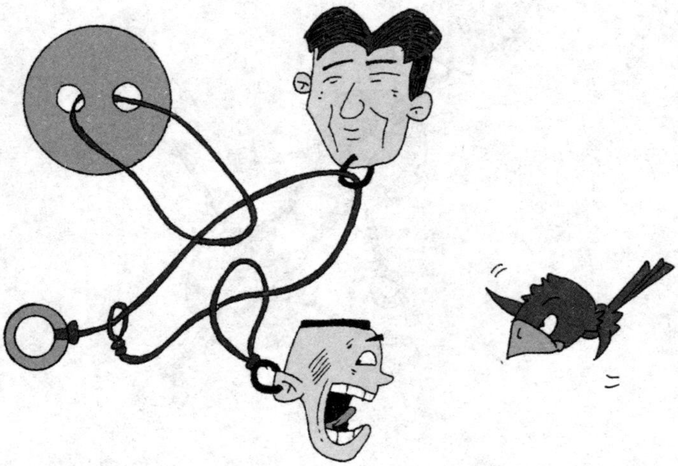

140 铁环与马蹄

这把钥匙被穿在马蹄铁和一个铁环内。如果不拆开铁环和马蹄铁的连接头，你能把钥匙取下来吗？试试吧！

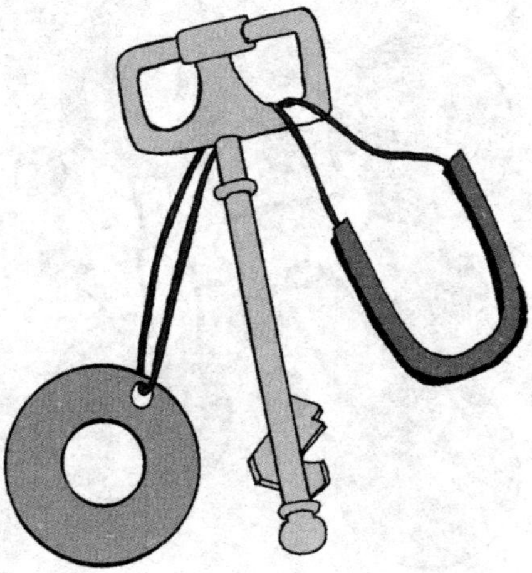

141 三个铁环

请你不取走两端的铁环，也不将绳子剪断，而将中间的那个铁环取出来。你能办到吗？

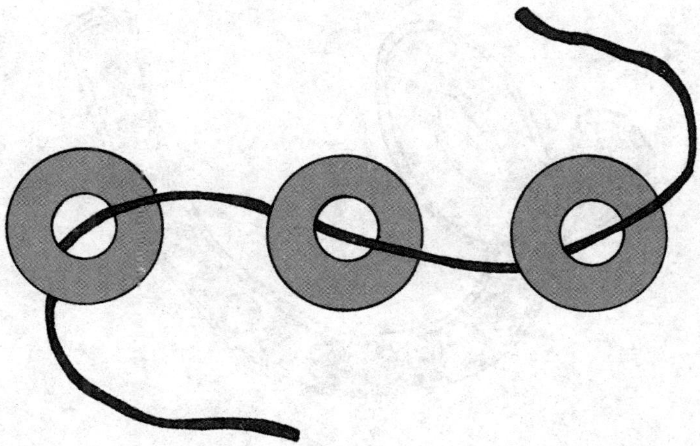

142 “8”字形环

这是一个绳索做成的“8”字形环，环上套有一个绳套，你能不剪断绳索而把这个绳套取下来吗？

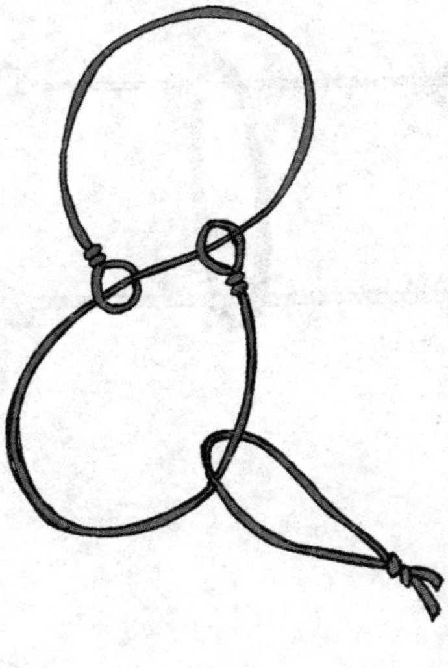

143 塑料软管

这是一根透明的塑料软管，里面装了9个球，你能在不切断塑料软管也不取出绿球的前提下，直接取出黑球吗?

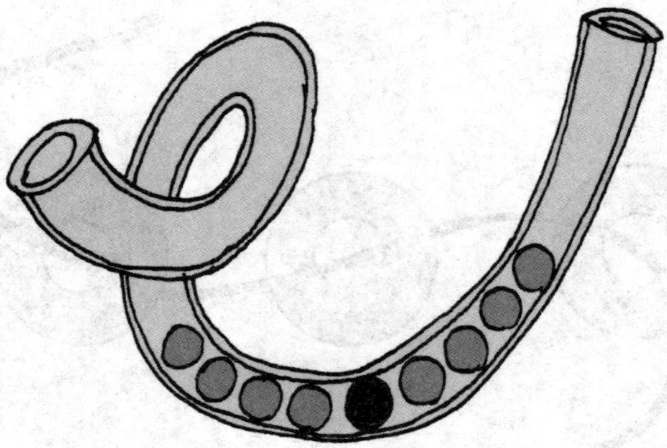

144 铁丝框架

这是用铁丝做成的框架，中间是一个圆环，请你在不损坏任何部位的情况下，取出圆环。你能做到吗?

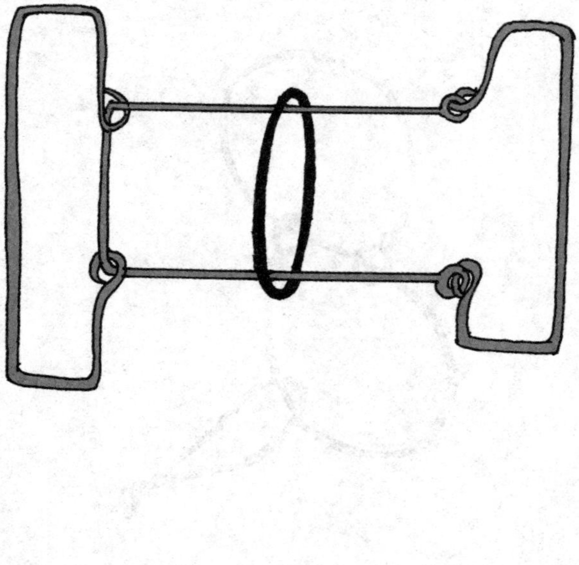

145 铁架上的手柄

请你将手柄从铁架上取出来，能行吗？

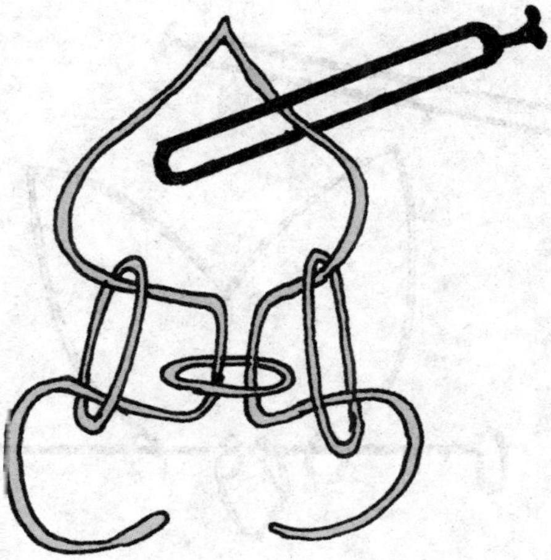

146 水　桶

请你将吊着的水桶取下来，不能将水桶打翻，能做到吗？

147 蝶形环

你能将手柄套入下面蝶形环的小环中吗？

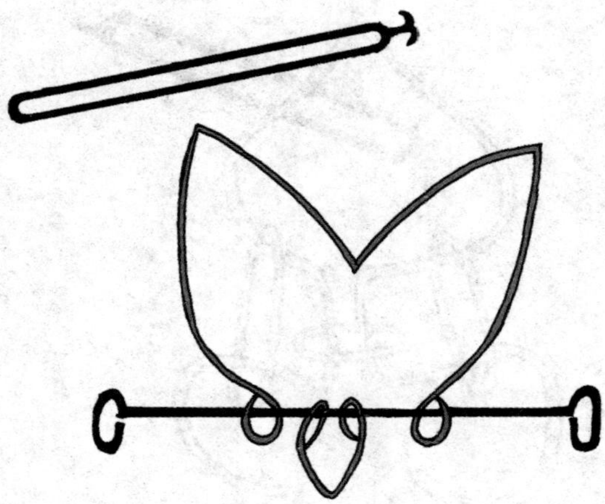

148 取下小环

请你想一想，怎样才能将小环取下来？

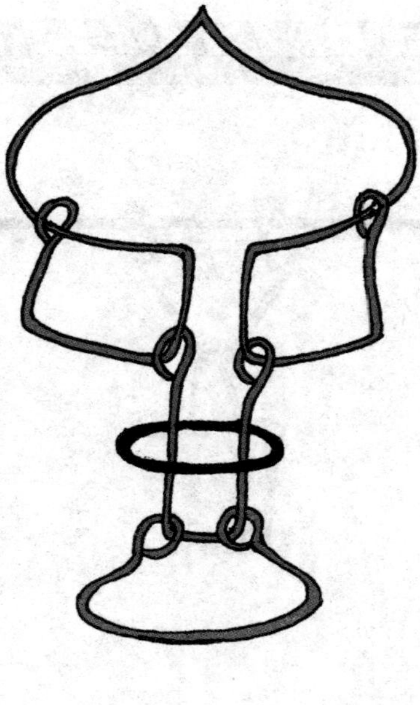

149 填动物

这里有几种动物图形，请你找出它们的变化规律，推断出问号处该填上什么动物的图形。

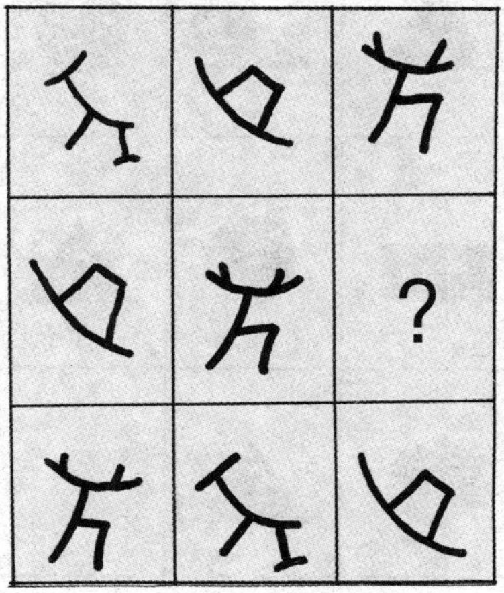

150 日月星

这里有太阳、月亮和星星图案，请根据前两行的排列规律，推断出第三行问号处应该填什么图案。

151 什么图形

请你根据前两行图形的排列规律，推断出第三排问号格里该填上什么图形。

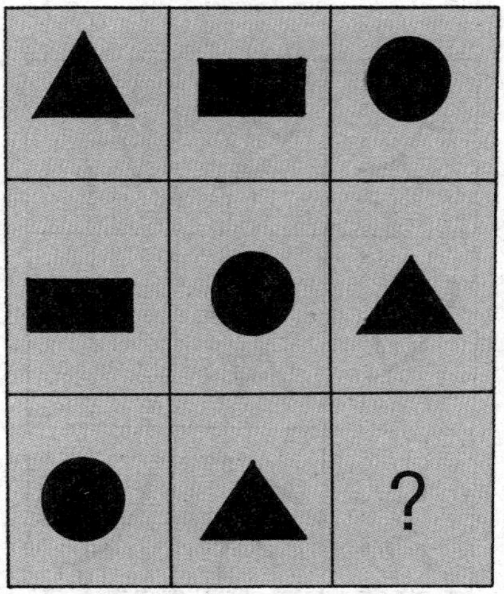

152 摆物品

这里有碗、杯子和热水瓶三种物品，请你根据前两行摆放变化的规律，推断出第三行问号处该摆什么物品。

153 小鱼儿

图中有三种鱼，请问，问号格里该放入什么形状的鱼？

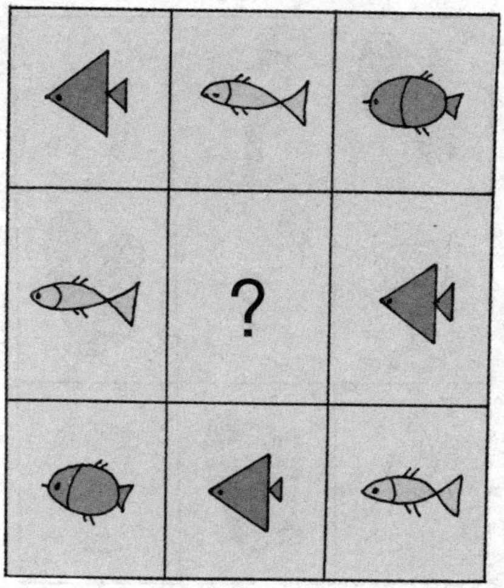

154 数　字

请你根据前两行数字变化的规律，推断出问号处该填什么数字。

4	4	4
5	5	5
6	?	6

155 选物品

这里有手套、酒杯和剪子，请你根据图中的排列规律，推断出问号处应该放什么物品。

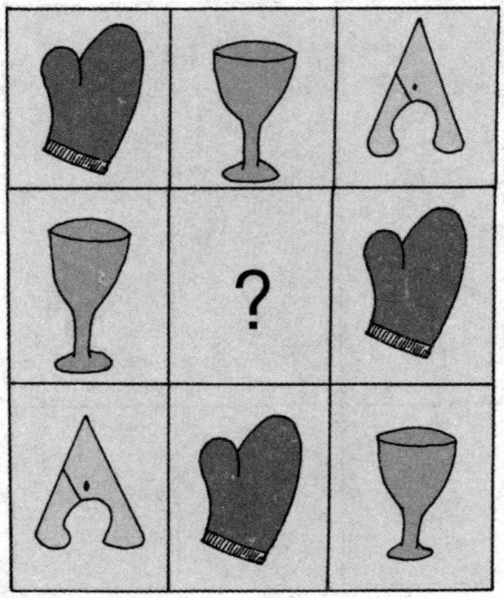

156 选字母

请你从图中的字母找出排列的规律，再推断出空格处该填什么字母。

A	B	C	D	E
B	B	C	D	E
C	C	C	D	E
E	E	E	E	E

157 提包问题

这里有几种形状的提包，请你根据图中的排列规律，推断出问号格里应该放什么形状的提包。

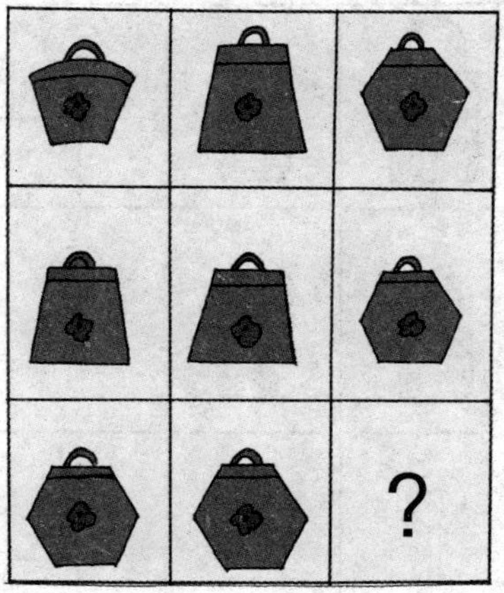

158 选帽子

这儿有三种帽子图，请你找出它们的变化规律，推断出问号处该填上哪种形状的帽子。

159 摆物品

这里摆着三种物品。请你根据前两行的摆放规律，推断出第三行问号格里应该摆什么物体。

160 数　字

请你注意这些数字有什么变化规律，推断出问号格里应填上什么数字。

1	2	3
2	2	3
3	3	?

161 填图形

请你根据后两行图形的排列规律，推断出第一行问号格里应该填入什么图形。

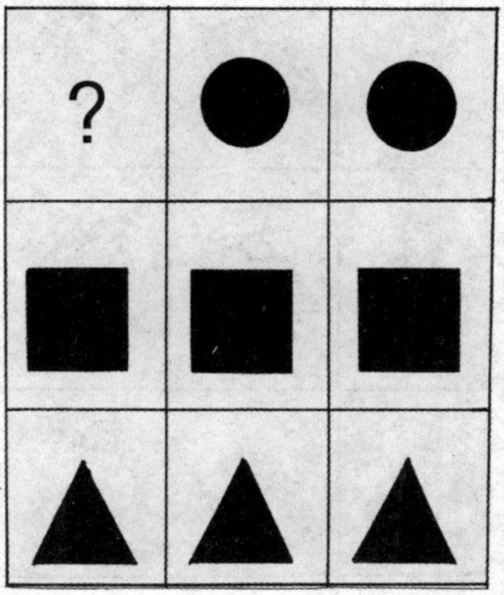

162 排动物

这里有小猴、小猫和小兔三种动物头像，请你根据前两行动物头像变化的规律，推断出第三行问号格里应该填什么头像。

163 放水果

请根据后两行水果的摆放规律，推断出第一行问号格里应该放入什么水果。

164 小 树

请你根据这些小树摆放的规律，推断出问号格里应该放入什么树。

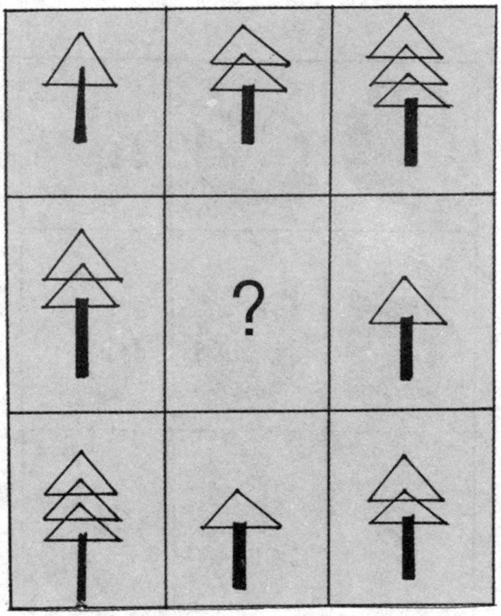

165 帽　子

请你根据图形的变化规律，推断出最后一顶帽子该是什么图案。

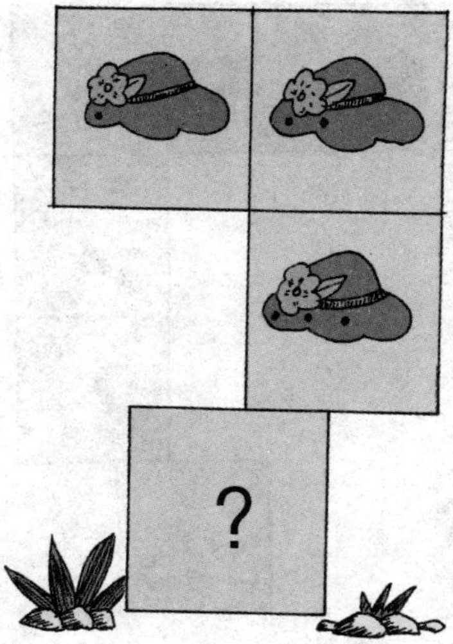

166 摆水果

这里有苹果、梨和香蕉三种水果，请你根据前两行的排列规律，推断出问号格该摆上什么水果。

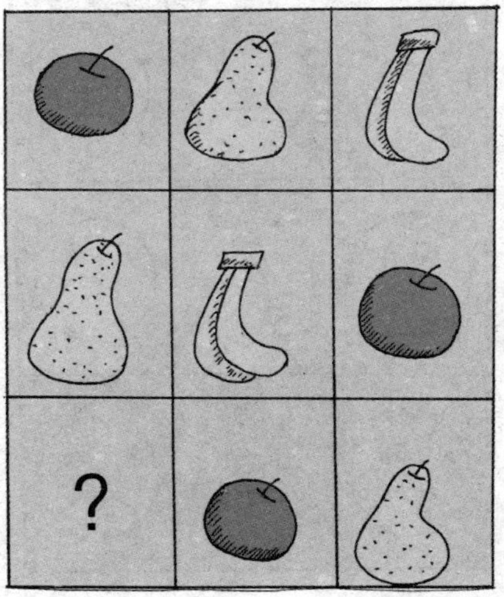

167 填图形

请你根据图形的变化规律，推断出问号处应是什么图形。

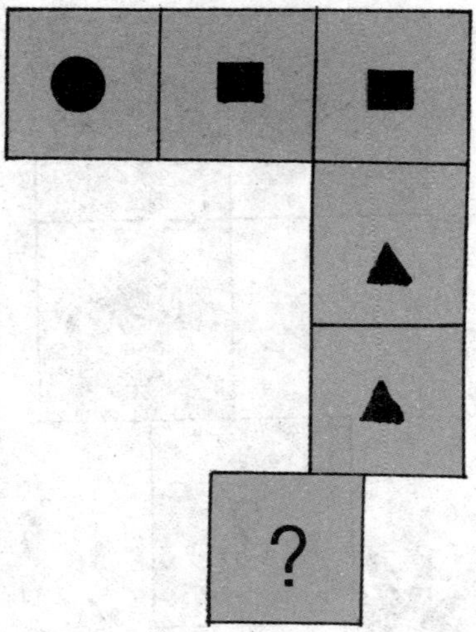

168 脸 谱

请你仔细观察下图，找出这三种脸谱排列的规律，推断出问号格里应该填入哪种脸谱。

169 圆的方向

这是一个圆，请你根据圆缺口的变化规律，推断出问号处圆的缺口方向。

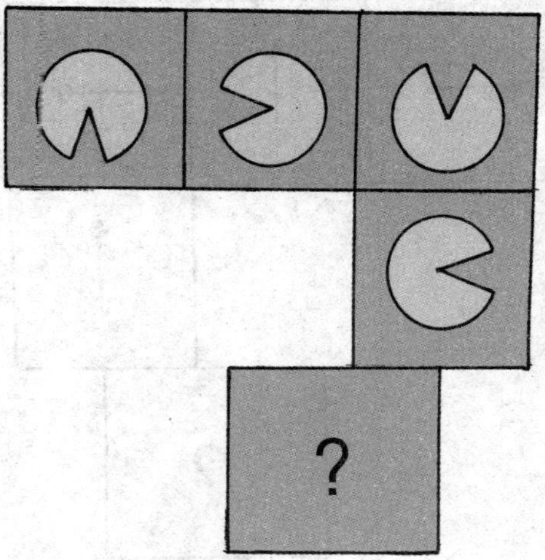

170 正方形

请你根据前三个图形变化的规律，推断出问号处应是什么图形。

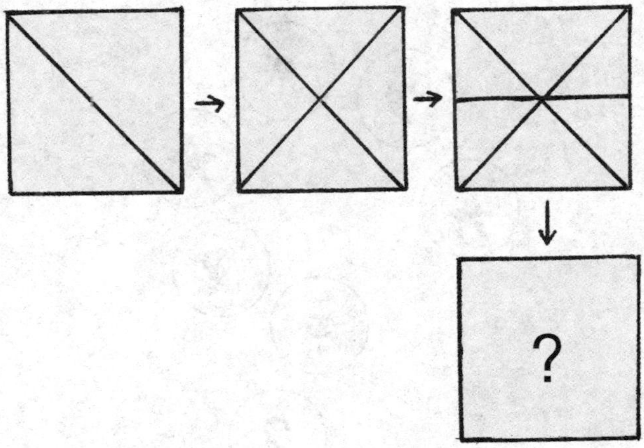

171 箭头方向

请你根据指针箭头方向的变化规律，推断出问号处指针箭头的方向。

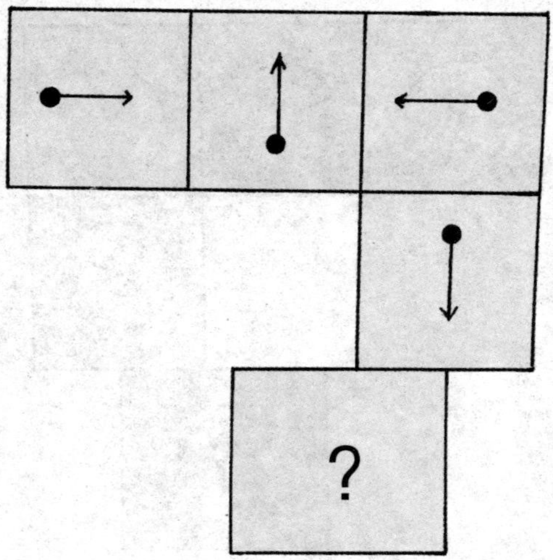

172 星星、月亮、太阳

这里有星星、月亮和太阳，请你根据它们排列的变化规律，推断出问号处该填什么图形。

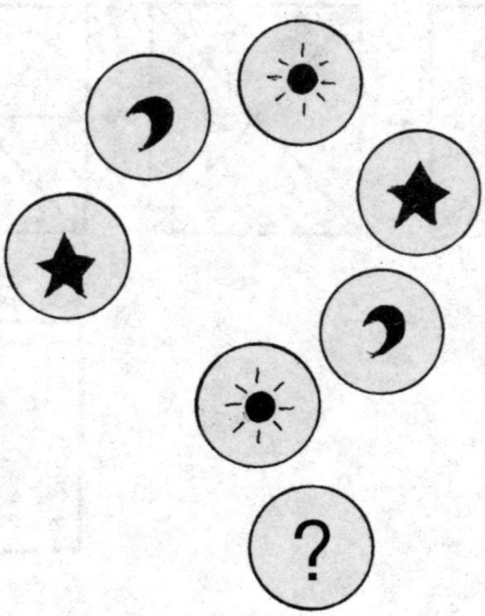

173 圆的图案

请你根据图案的变化规律，推断出最后一个图案来。

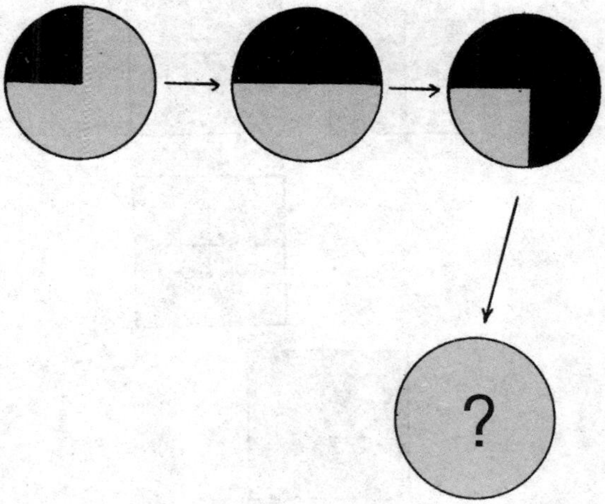

174 角的方向

请你根据图形变化的规律，推断出问号处角的方向。

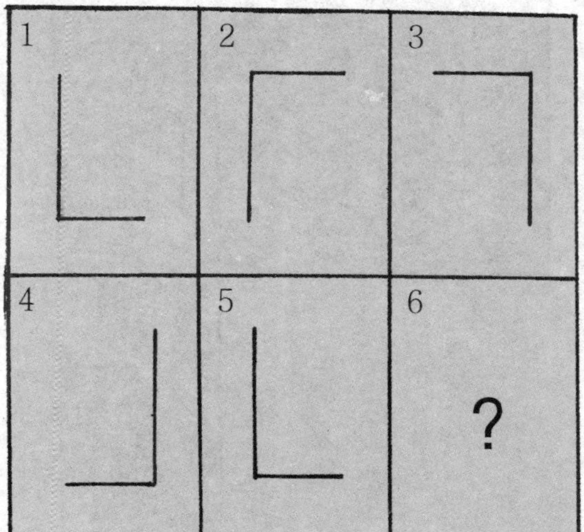

175 小圆形

请你根据前三个图形的变化规律，推断出问号格里应该画什么图形。

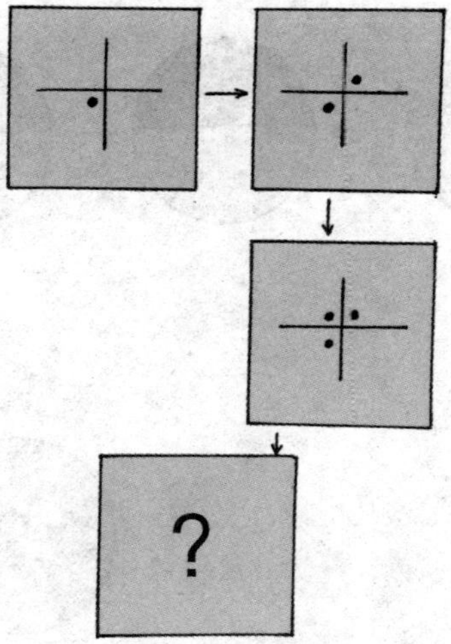

176 填图形

请你根据前三个图形的变化规律，推断出问号处应该画什么图形。

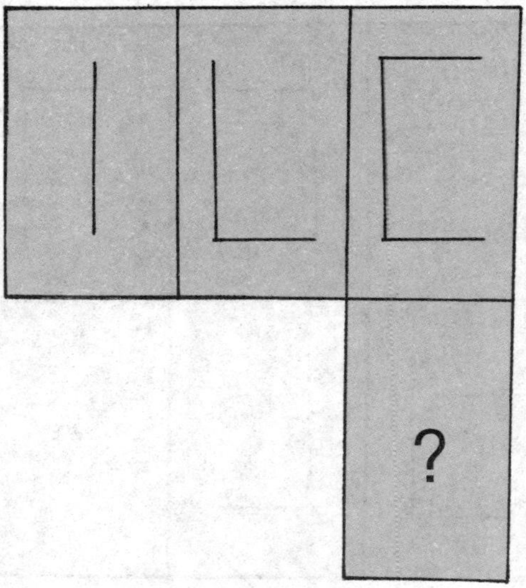

177 正方形的变化

请你根据前三个正方形图的变化规律，推断出第四个正方形的图案来。

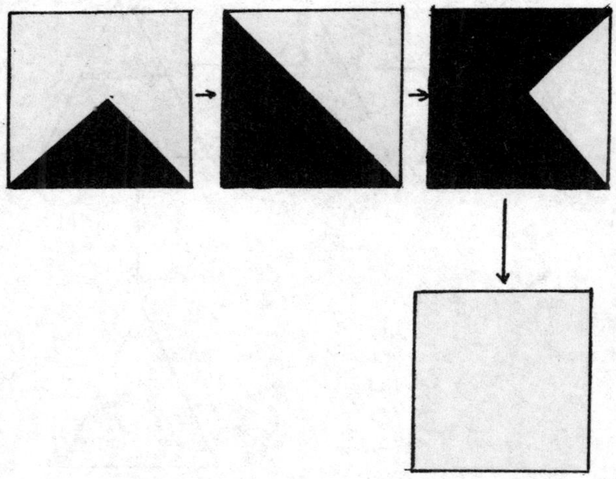

178 变图形

请你根据前三个图形的变化规律，推断出问号格里应该是什么图形。

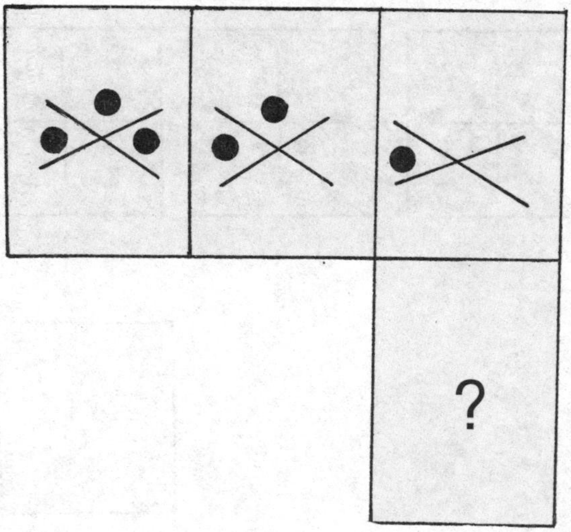

179 三角形图

请你根据前三个三角形的变化规律，推断出第四个三角形的图案来。

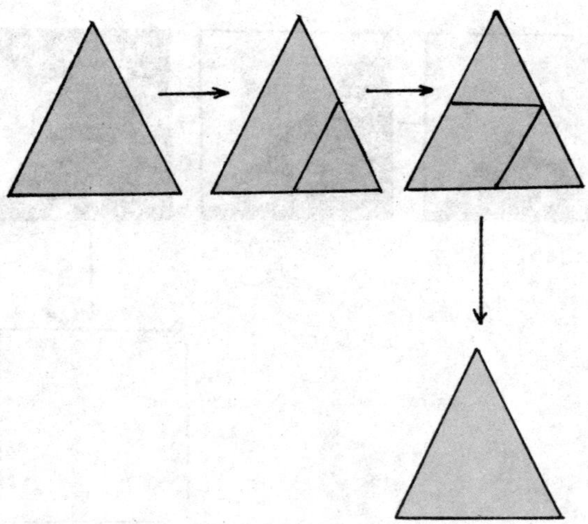

180 小圆点

请你根据前三个图形的变化规律，推断出问号格里应该是什么图形。

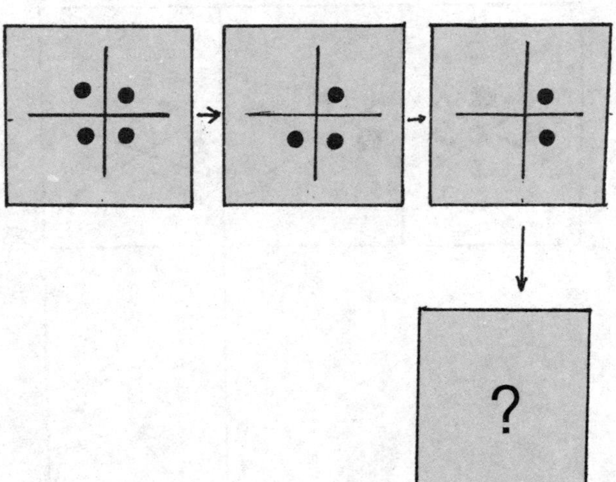

181 正方形

请你根据前三个图形的变化规律，推断出问号处的图形来。

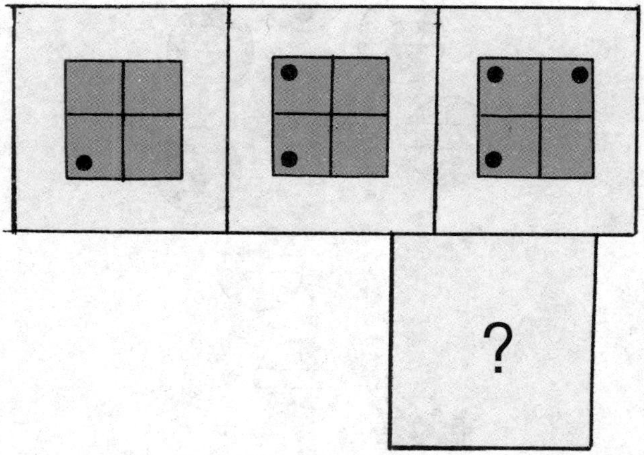

182 线段与图形

你看出来了吗，这些图形有什么变化规律？请你在问号格填入适当的图形。

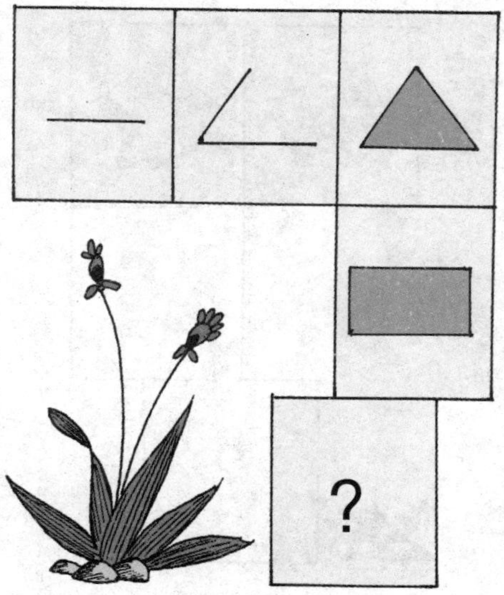

183 小圆的位置

请你按顺序观察各图的变化规律，推断出最后一个图形中小圆的适当位置。

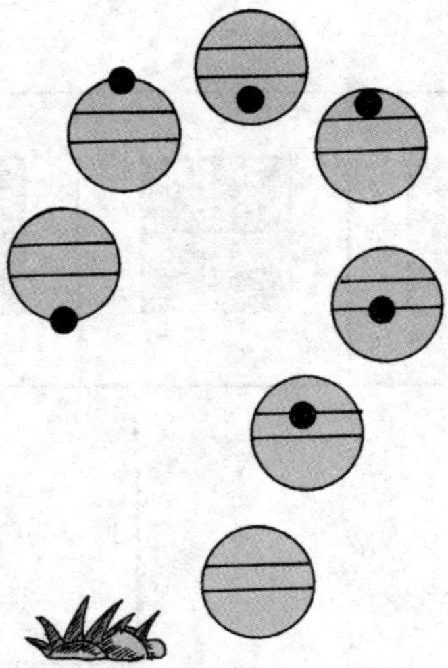

184 想图形

请你根据前三个图形的变化规律，推断出问号格里应该是怎样的一个图形。

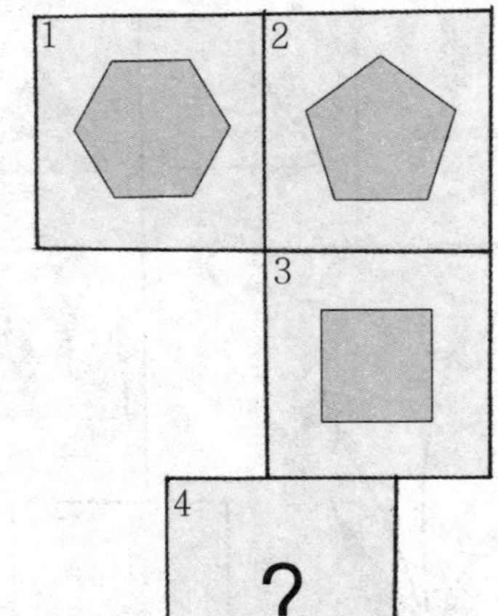

185 钥匙的方向

这是一把钥匙，请你根据前几次钥匙摆放方向的变化规律，推断出问号格里钥匙的方向。

186 选图案

请你观察这些图形的变化规律，推断出问号格里应该填入下排的几号图案。

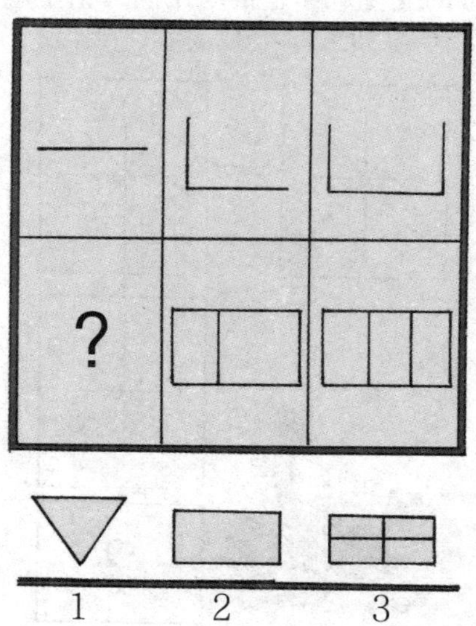

187 涂　色

请你仔细观察图形1和2中黑色部分的变化规律，推断出图形3的哪些部分应该涂成黑色。

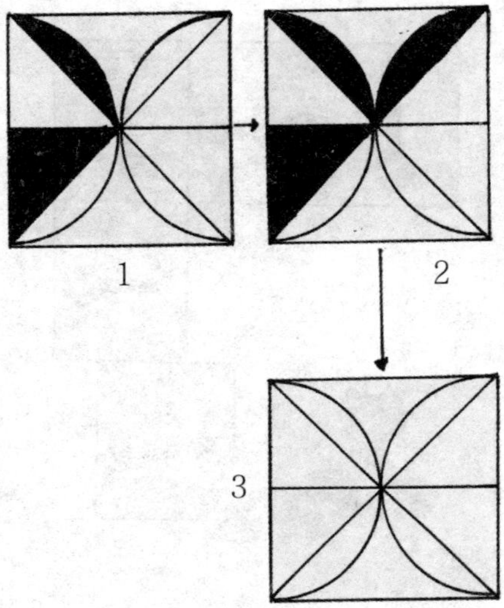

188 填图形

请你根据前三个图形的变化规律，推断出问号格里应该画什么样的图形。

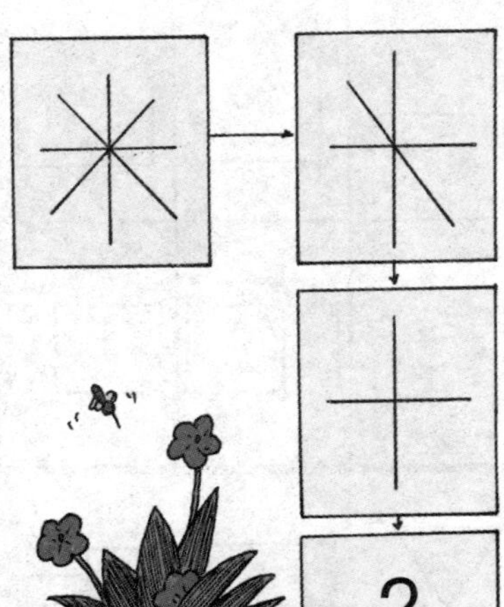

189 奇妙的图形

请你根据前三个图形的变化规律，推断出问号格里应该画什么图形。

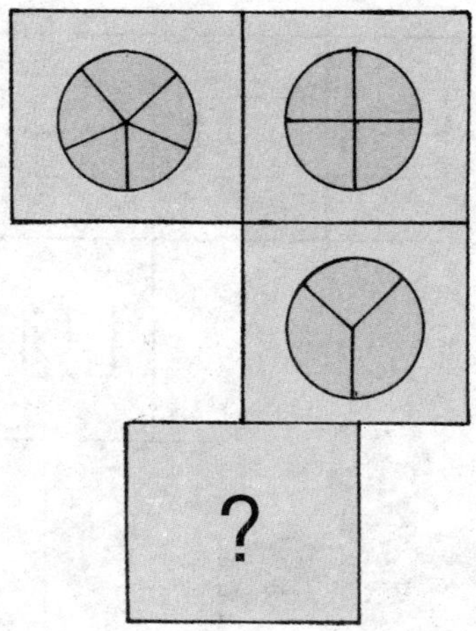

190 排图形

请你仔细观察第一排前两个图形的变化规律，推断出问号格里应放入第二排的哪一个图形。

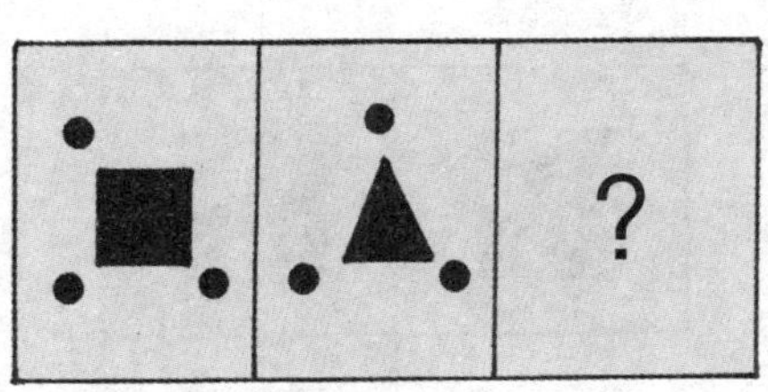

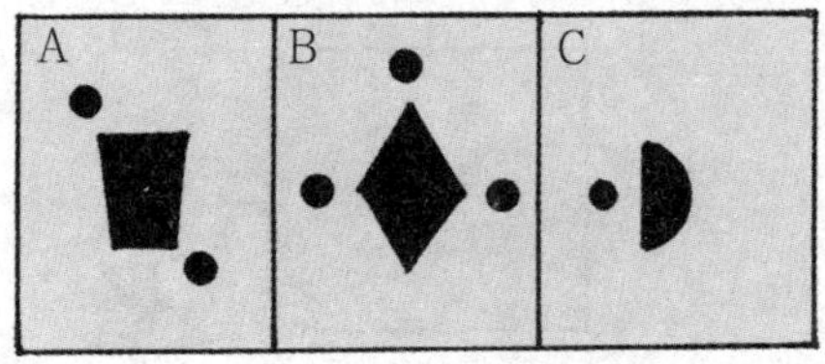

191 山的方向

请你根据前四个图形的变化规律，判断出问号格里的“山”字朝哪个方向开口，为什么？

192 填图形

请你根据前三个图形的变化规律，推断出问号格里应该画什么图形。

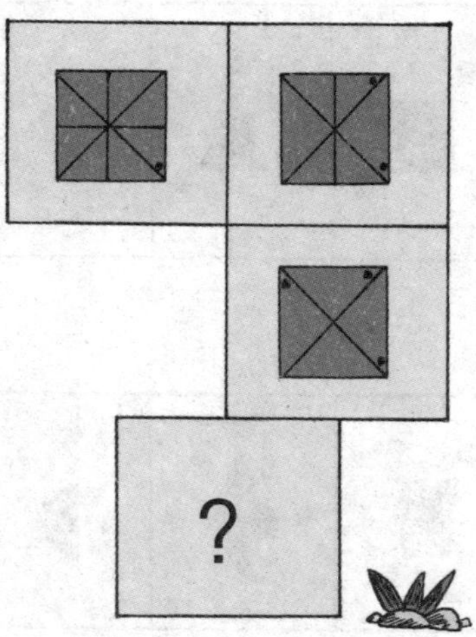

193 涂 色

请你仔细观察图形A、B的涂黑色部分，然后根据其变化规律，推断出图形C应该怎样涂色。

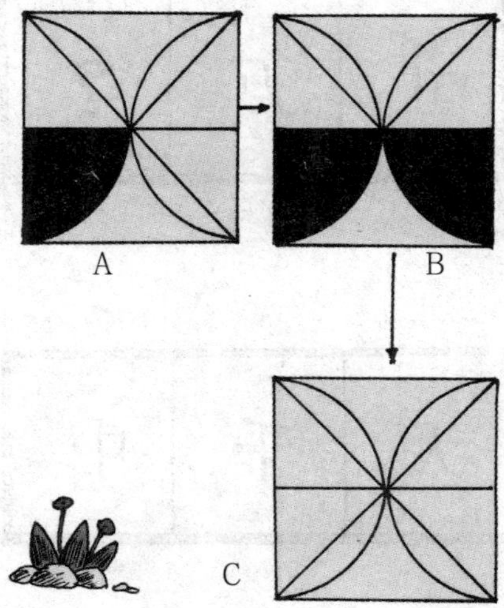

194 填图形

请你仔细观察分析，找出图形的变化规律，推断出问号处应填入什么图形。

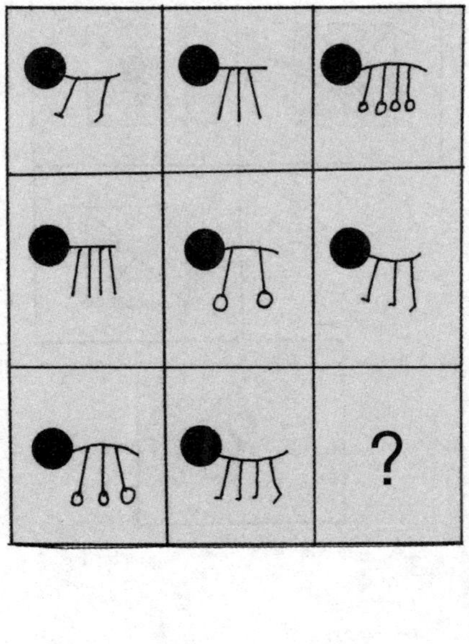

195 选　字

请你仔细观察上行字的特点，然后推理出问号处选下行哪一个字合适。

寸	万	?

天	千	中

196 变图形

请你根据现有三个图形的变化规律，推断出问号格里应该是什么图形。

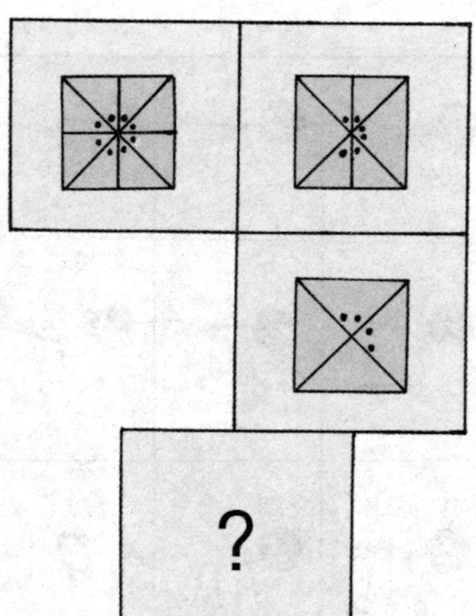

197 涂　色

请你仔细观察图形1、2的涂黑色部分，然后根据其变化规律，推断出图形3该怎样上色。

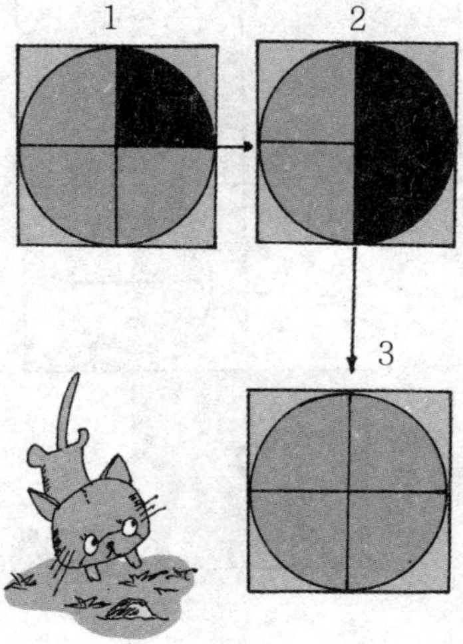

198 花与叶

请你仔细观察第一行前三个图，推断出应该把第二行的几号图形填进问号格里，为什么？

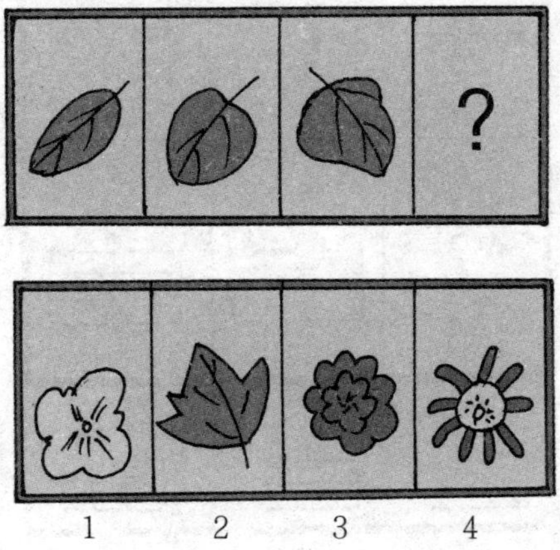

199 变图形

请你仔细看看这三个图形有什么变化规律，推断出问号格里应该是什么样的图形。

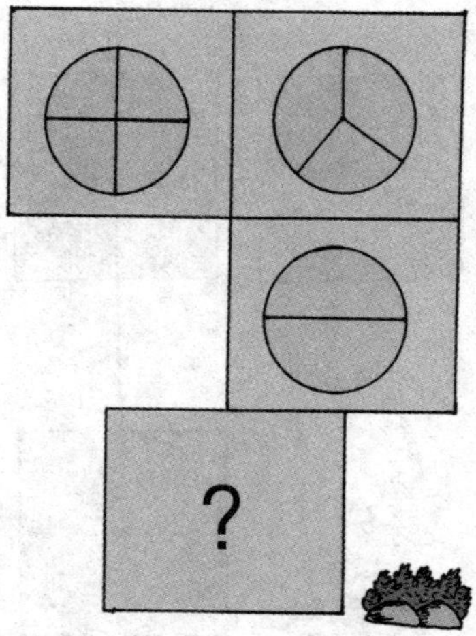

200 选图形

请你根据图形的变化规律，推断出问号格里应选入下排哪个图形。

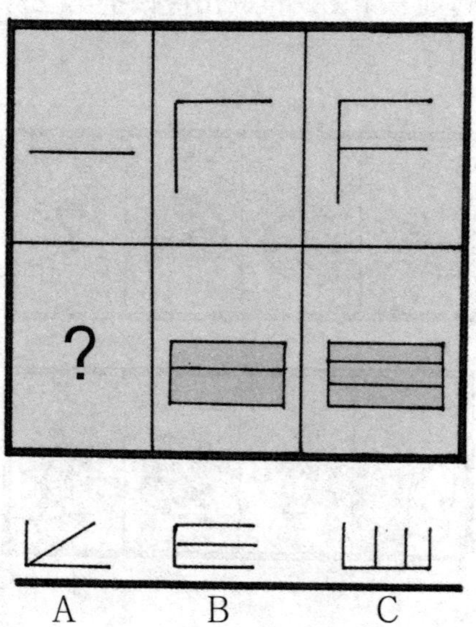

201 选图形

请你找出前四个图形的共同特点，推断出问号格里填几号图形合适，为什么？

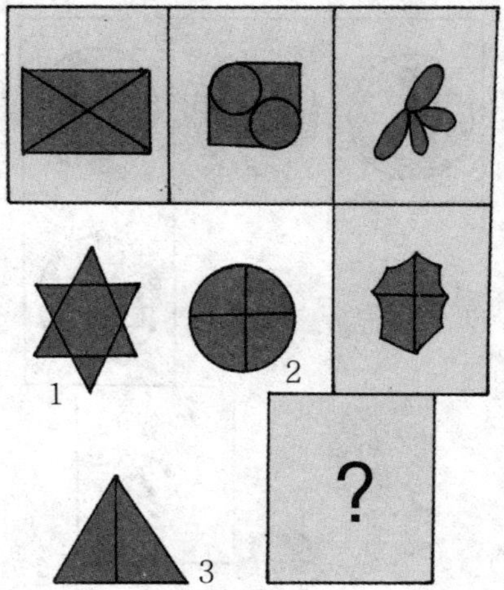

202 拖拉机

请你仔细观察前几辆拖拉机的变化规律，推断出问号格里应是一辆什么样的拖拉机。

203 转动的图

请你找出前四个图形的变化规律，推断出第五个图形应该是什么样子的，并说说为什么。

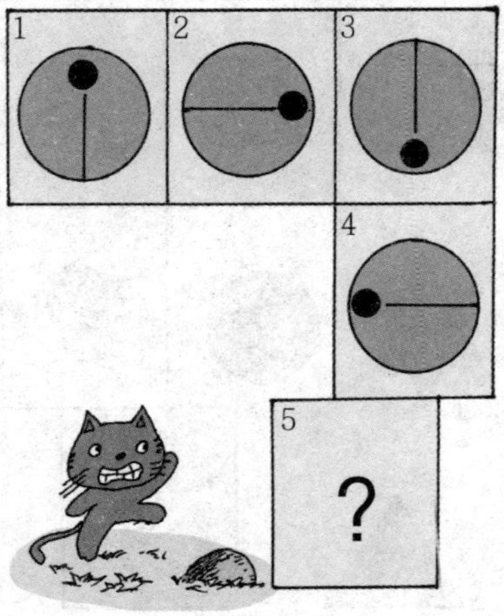

204 变化的图

请你根据前三个图形的变化规律，推断出问号格里应该是什么图形。

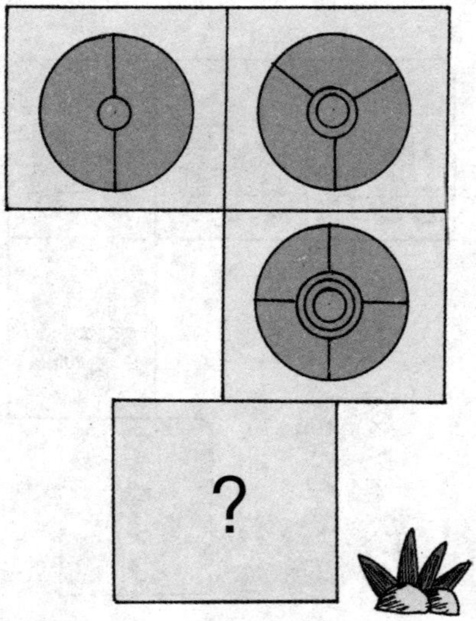

205 填图案

请你根据前几幅图案的变化规律，推断出问号格里该填入什么样的图案。

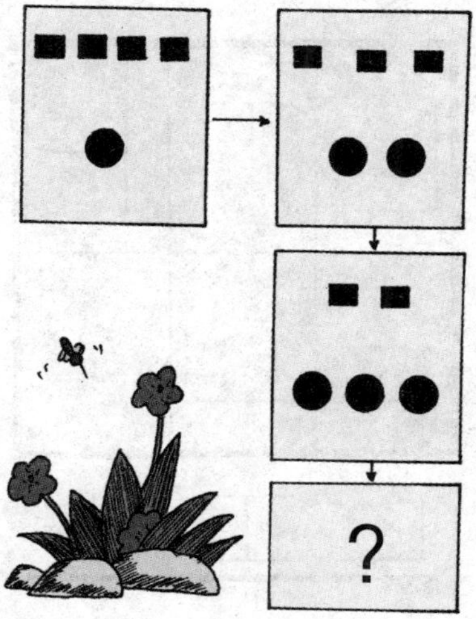

206 选水果

请你找出第一行前三种物品的共同点，推断出把第二行的什么东西填在问号格里合适，为什么?

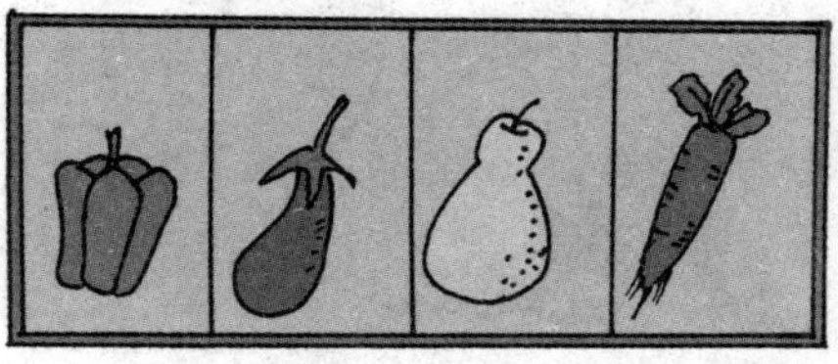

207 选图形

请你找出前五个图形变化的特点，推断出问号格里应该填下一行的哪个图形。

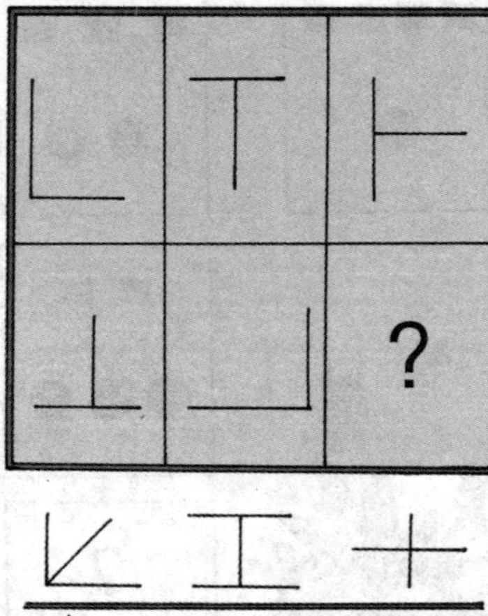

A B C

208 填图案

请你根据前三个图形的变化规律，推断出问号格里应该是怎样的图形。

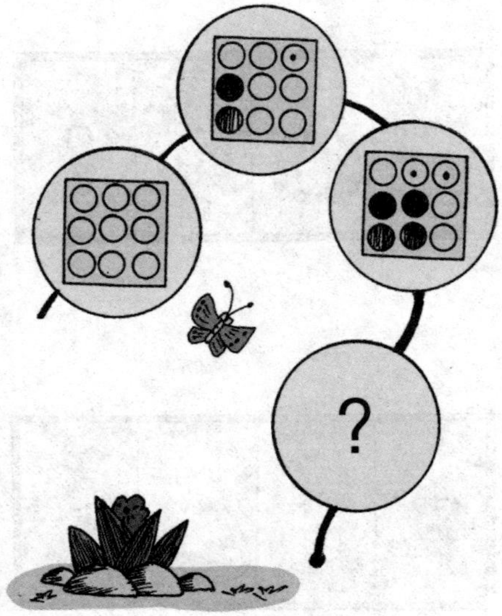

209 选图形

请你找出前五个图形的共同点，推断出问号格里选哪个图形合适，为什么？

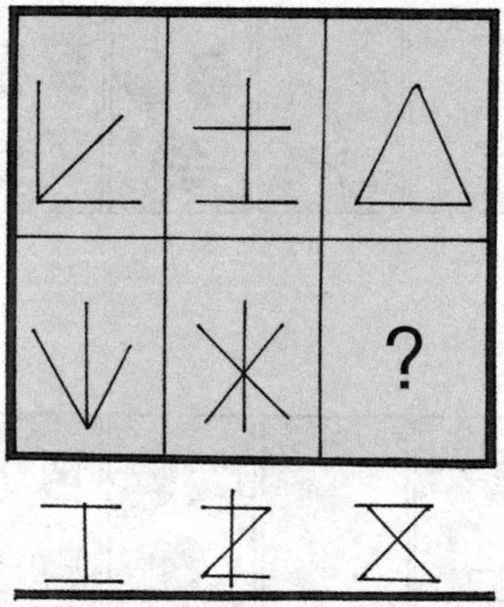

A　　B　　C

210 选字母

请你找出这些字母有什么规律，推断出问号格里填入下排哪个字母合适。

A	Z	F
K	?	N

E	M	H
1	2	3

211 填图形

请你按照上下顺序观察各图的变化规律，推断出空方格中该填上什么图形。

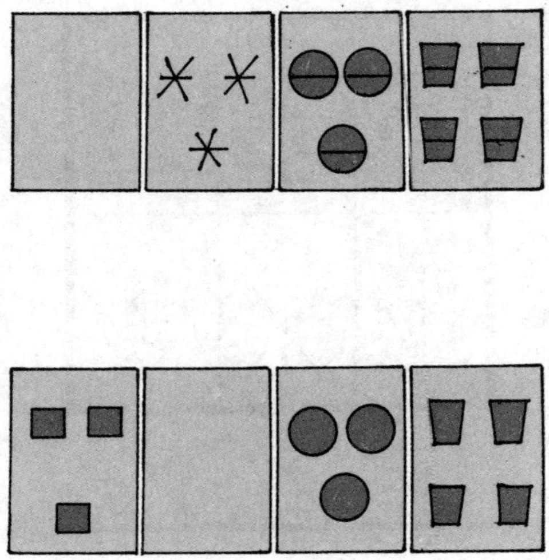

212 选图形

请你根据方格内图形的变化规律，推断出问号格里应该填入下排的几号图形。

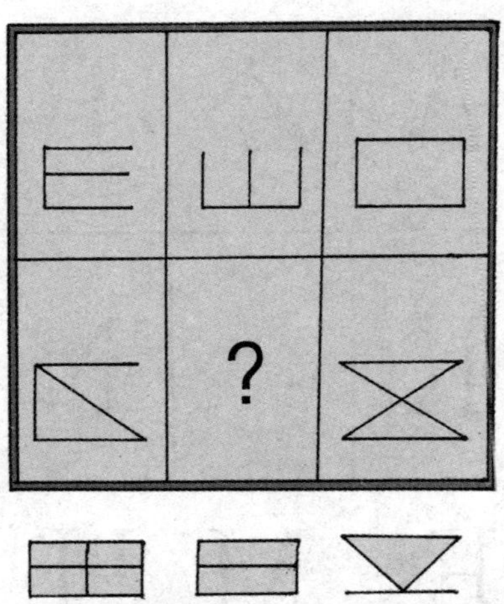

1　　2　　3

213 图形组合

请你认真观察，找出已有图形的排列规律，推断出每一行的问号处应该填什么图形。

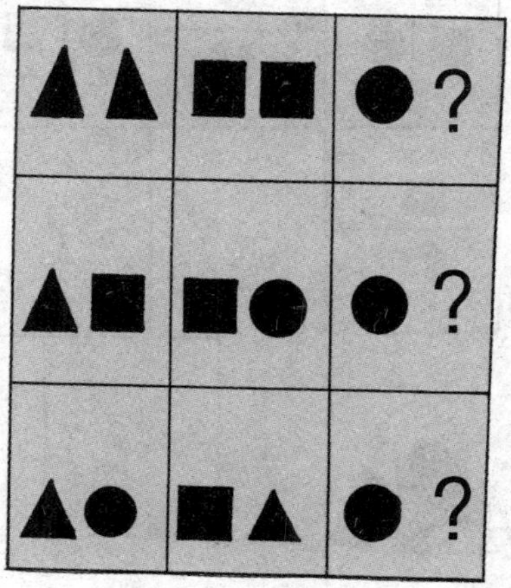

214 变化的图形

请你仔细看看，找出前六个图形的变化规律，推断出问号格里应该是什么图形，为什么？

215 推断图形

请你根据前四个图形的变化规律，推断出第5、第6个图形应该怎样画。

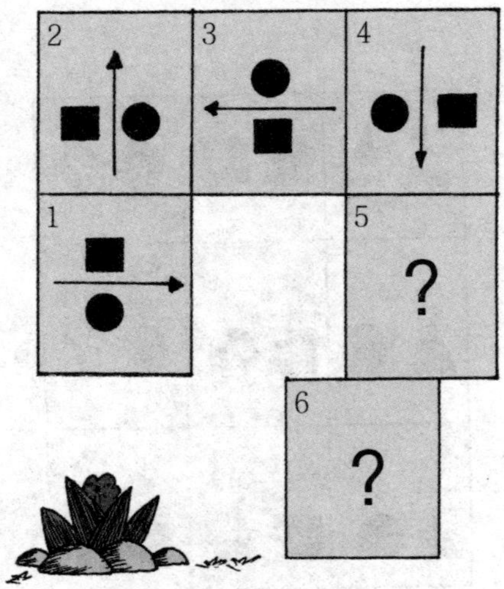

216 填图形

请你认真观察上一行前三组图形，找出规律，推断出问号方格应该填下一行的哪组图形，为什么？

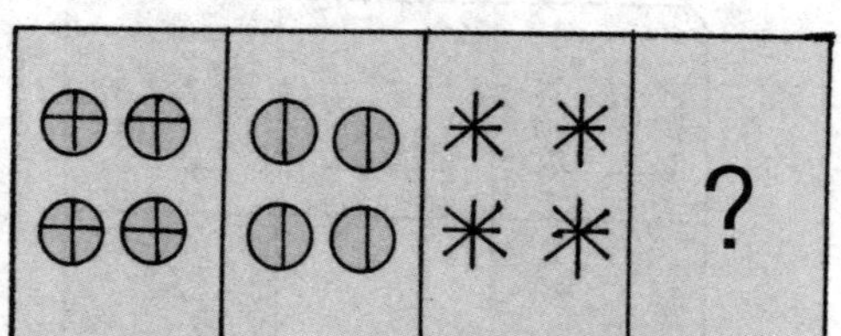

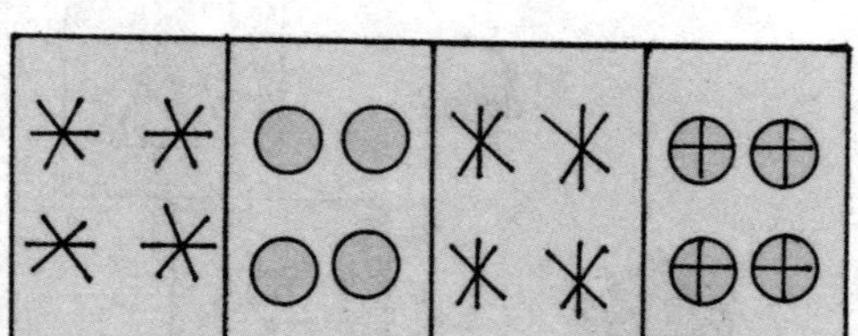

A　　B　　C　　D

217 填文字

请你仔细观察第一排方格里的文字规律，推理出应将第二排的哪个文字填入空格里。

不		仁

东	西	王

218 图形连接

请你根据前六个图形的变化规律，判断出问号处应该画什么图形，为什么？

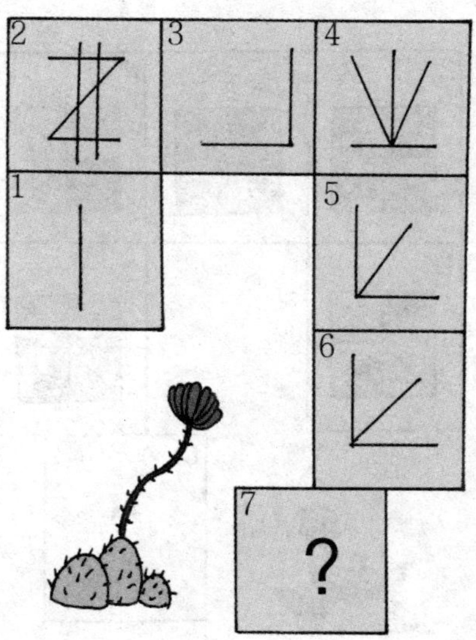

219 选图形

请你根据前三个图形的变化规律，推断出问号格里放入哪个图形适宜。

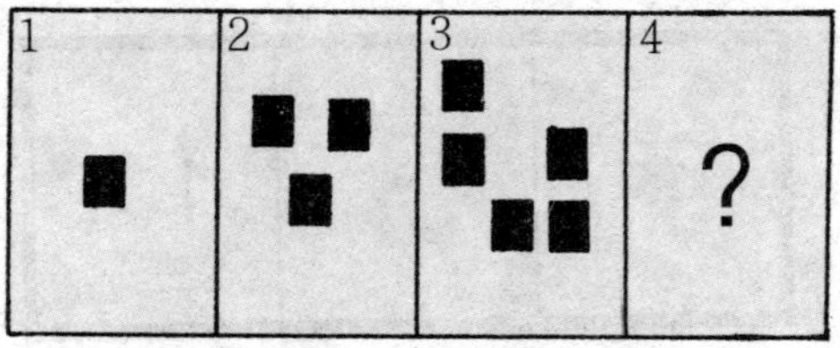

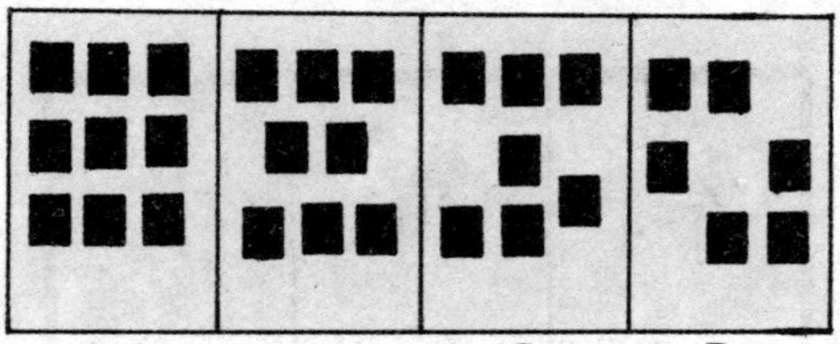

A　B　C　D

220 涂　色

请你找出前五个图形的变化规律，推断出第六个图形应该是什么样的。

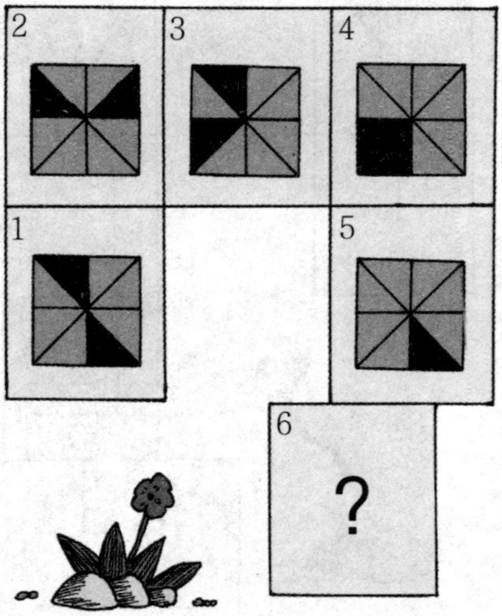

221 填图形

请你仔细观察第二行和第三行的图形，好好想一想有什么规律，推断出第一行问号处应该是什么图形，为什么？

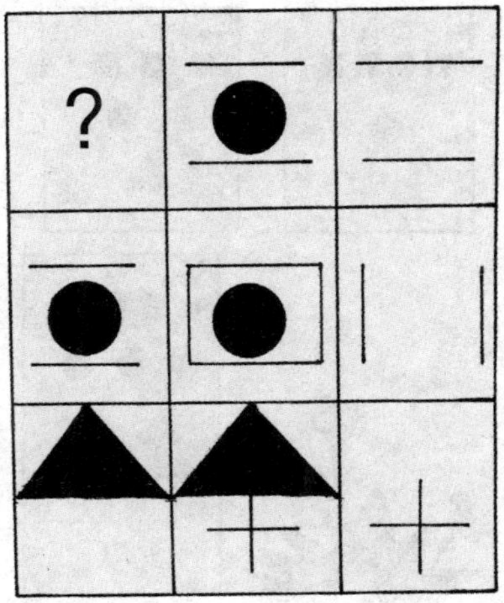

222 推图形

请你找出前几个图形的变化规律，推断出问号处应该填入什么样的图形。

223 推理图形

请你根据1、2、3号图形的变化规律，推断4号格里应该是一个什么样的图形。

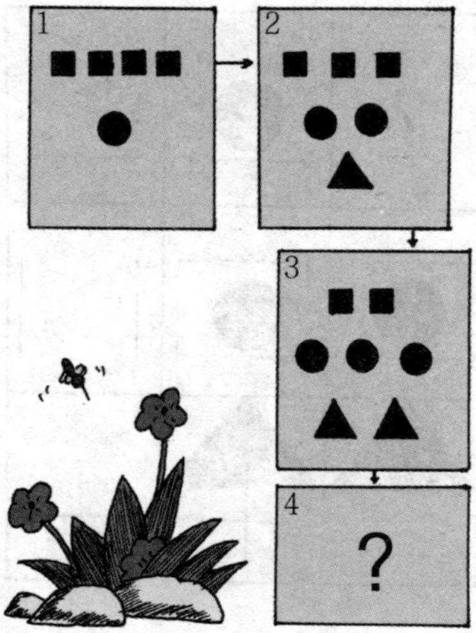

224 填图形

请你根据前三个图形的变化规律，推断出问号处该填什么样的图形。

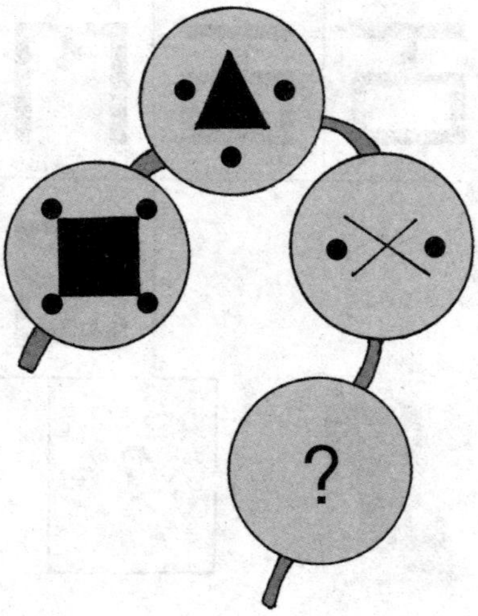

225 选图形

请你仔细观察上排前三个图形的变化规律，推断出问号处选择下排哪个图形最合适。

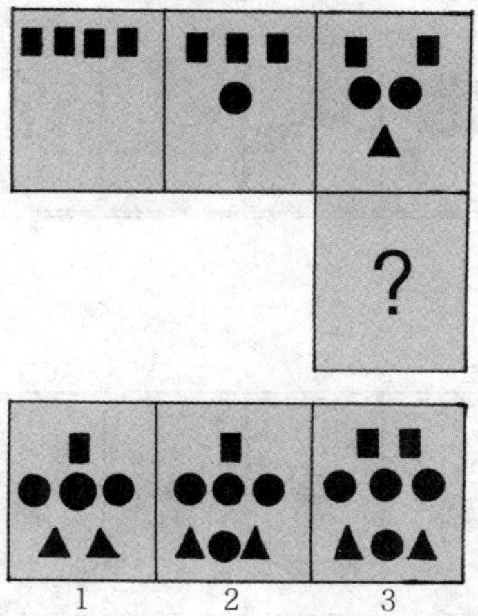

226 变化的图形

请你根据前四个图形的变化规律，推断出问号格里应该是一个什么样的图形。

227 选图形

请你仔细观察上排图形的变化规律，看看下排图形中的哪个应填在上排问号格里。

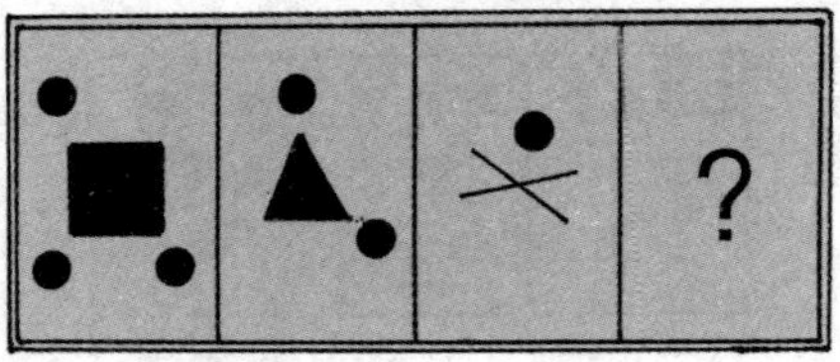

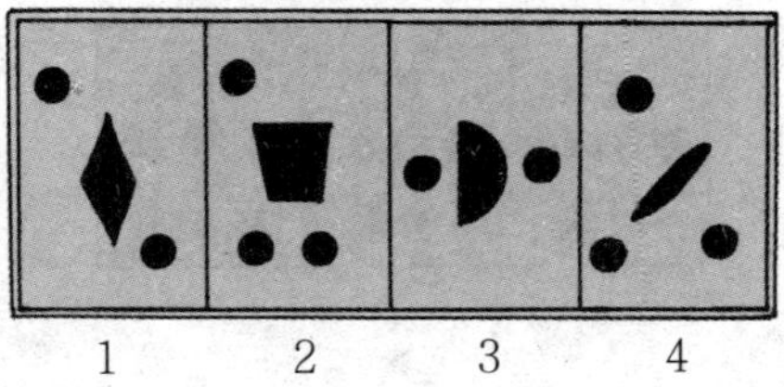

228 插 花

请你仔细观察这些花瓶插花的变化规律，推断出问号处的花瓶应该插几朵花。

229 选图形

请你根据前两行图形排列的规律，推断出问号格里应该填什么图形。

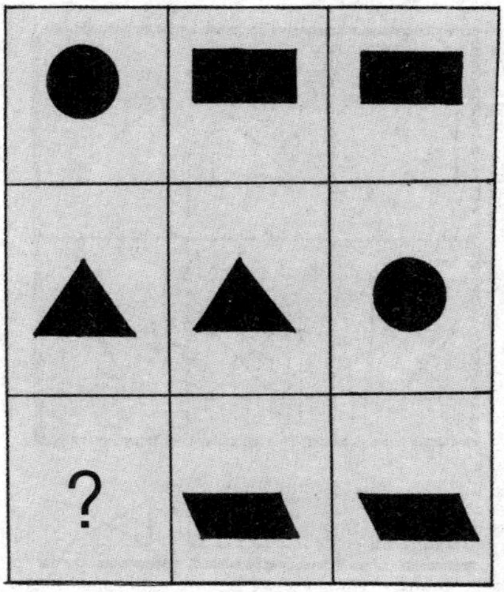

230 选图形

请你仔细观察上排前三个图形的变化规律，推断出下排中哪个图放在上排问号格里合适。

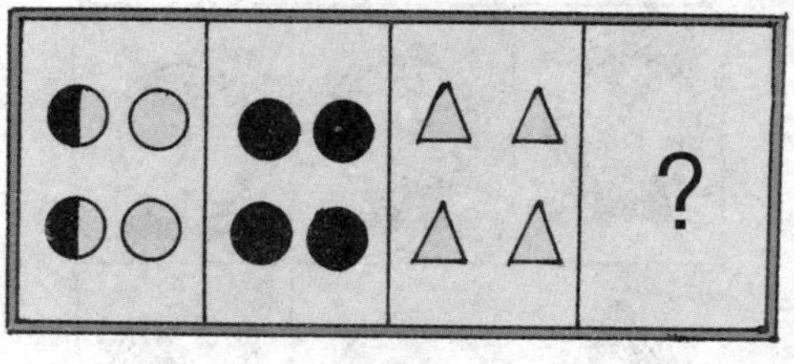

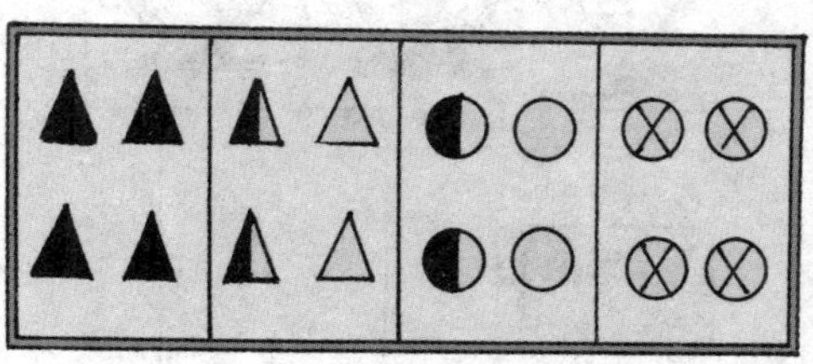

1　　2　　3　　4

231 选图形

请你根据前面几个图形的变化规律，推断出下排的几号图形放在问号格里比较合适。

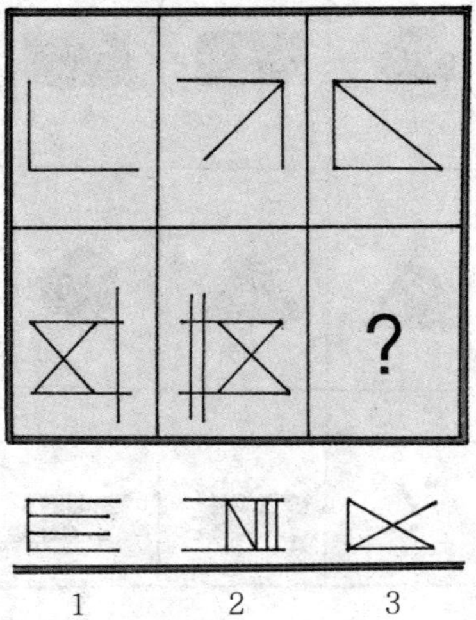

232 时 钟

请你观察一下，这些时钟有什么规律，然后推断出问号格里应放入几号时钟合适。

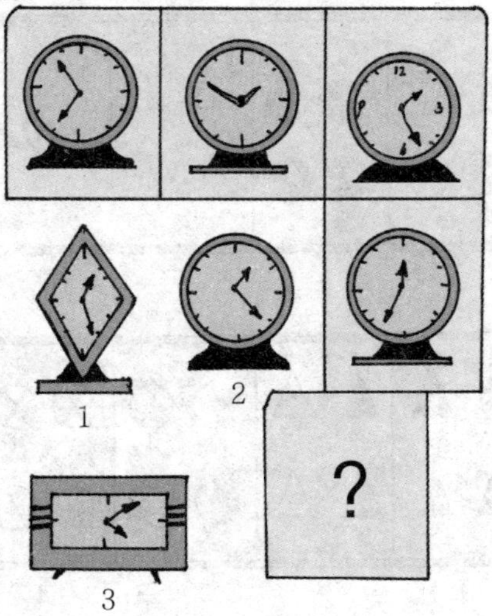

233 选图形

请你根据前几个图形的变化规律，推断出第二组的图形中，哪一个最适合放在第一组的问号格里。

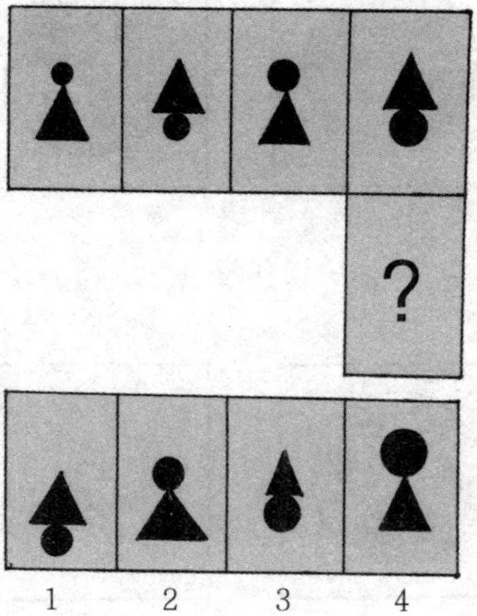

234 涂　色

请你仔细观察前两个图形的变化规律，推断出第三个图形应如何涂色。

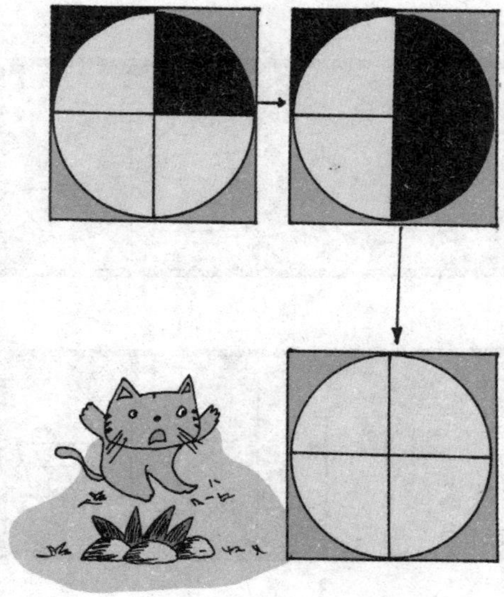

235 推理图形

请你根据第一排图形的变化规律，推断出第二排问号格里应是怎样的图形。

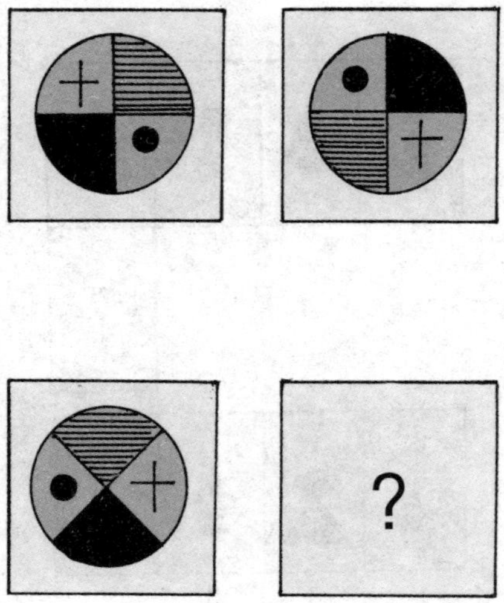

236 选图形

请你看一看第一行的三个图形有什么共同点，推断出第二行哪个图形放在问号格里合适，为什么？

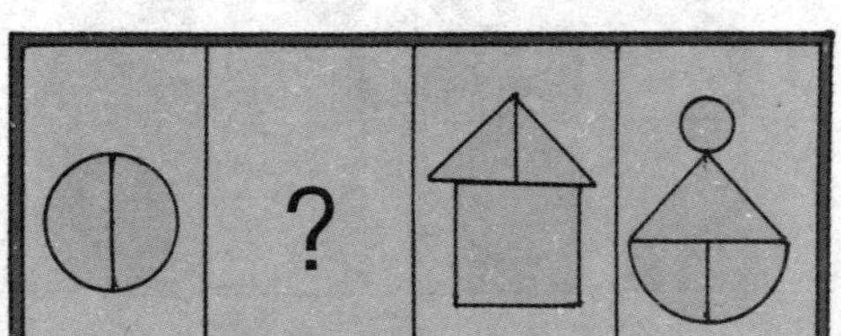

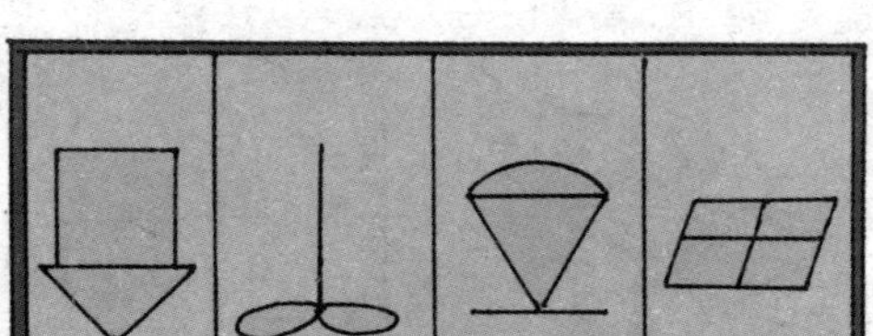

1　　2　　3　　4

237 补图案

请你根据前三个图形的特点，推断出问号格里应补上什么图案。

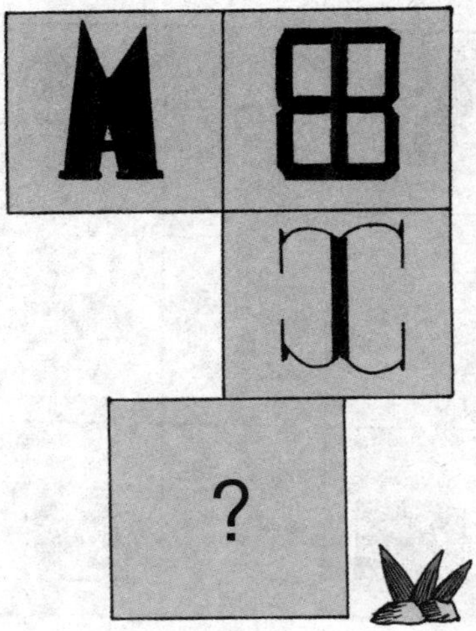

238 推理图形

请你根据前几个图形的变化规律，推断出问号格里应是什么图形。

239 填图形

请你观察已有的五个图形，找出变化规律，推断出问号处分别应该是什么样的图形。

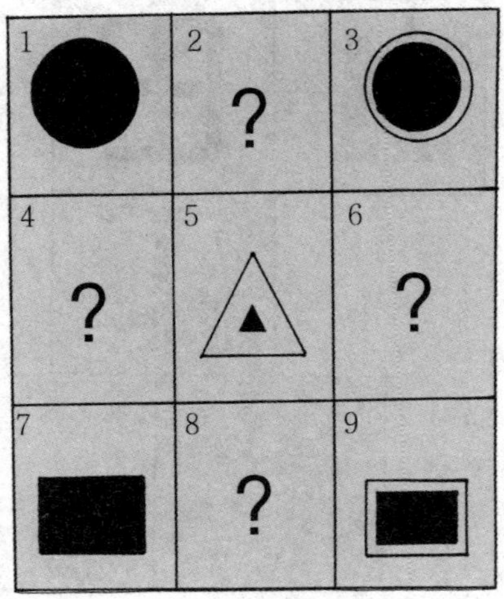

240 选图形

请你找出方格里四个图形的共同点，推断出问号处应该填几号图形，为什么？

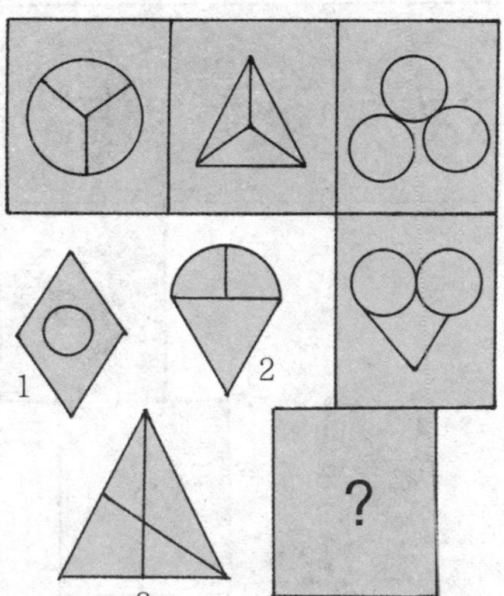

241 什么图形

请你根据前两行图形的变化规律，推断出第三行问号格里应该是一个什么样的图形。

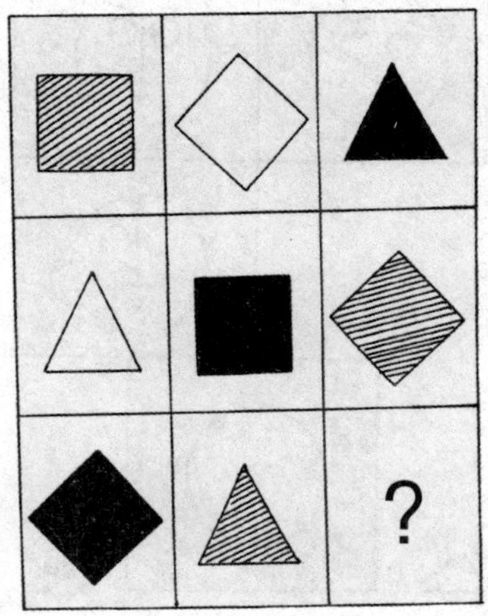

242 填文字

请你仔细瞧瞧，上排文字有什么规律，推断出问号处填入下排中的哪个字合适。

下	工	土	?

中	半	天	山

243 变化的脸谱

请你仔细观察1、2、3幅脸谱的变化规律，推断出空着的的脸谱图案。

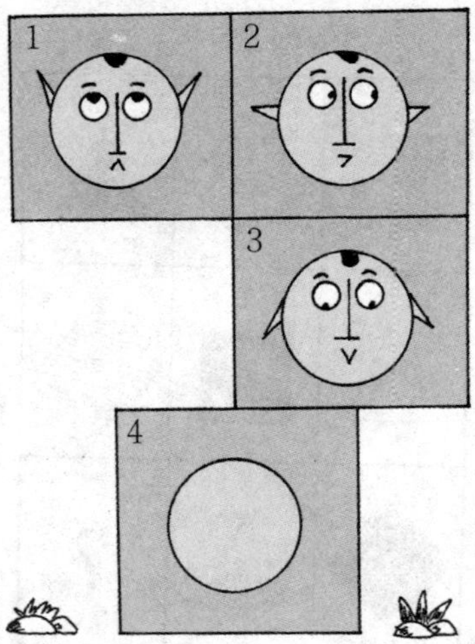

244 填图形

请你仔细观察图形的变化规律，推断出问号格里填入几号图形合适。

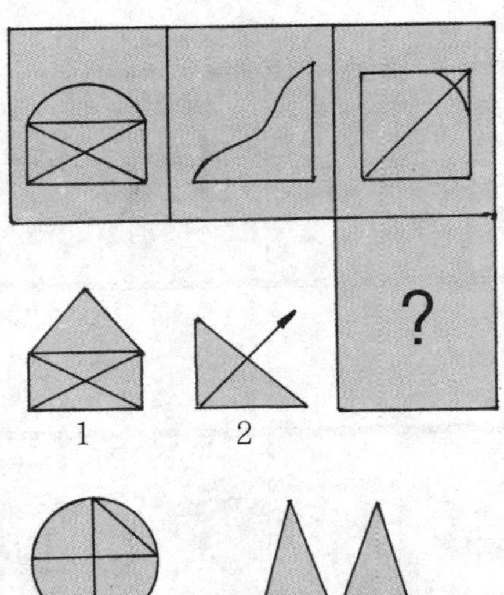

245 区别图形

请你仔细观察这几个图形的变化规律，推断出哪一个图形有别于其他四个。

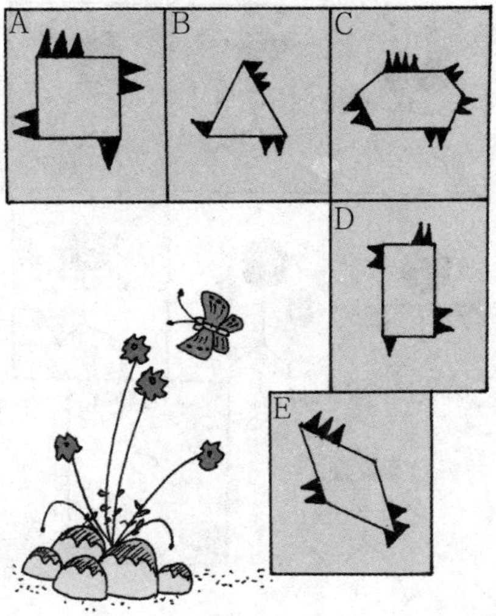

246 几号图形

请你仔细观察方格中图形的变化规律，推断出问号格里应放入几号图形合适。

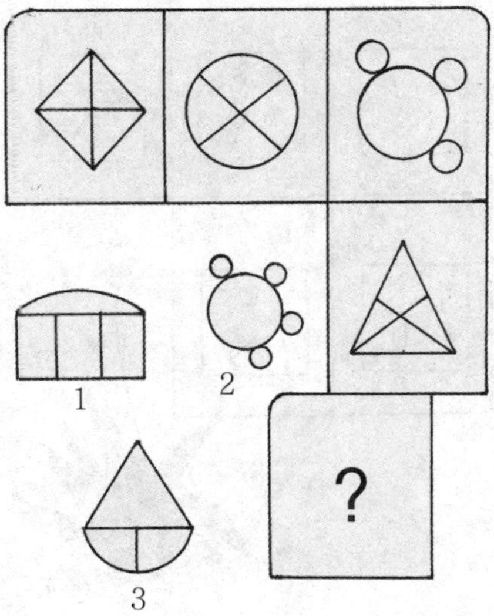

247 选图形

请你仔细观察方格中图形变化的规律，推断出问号格里放入几号图形合适。

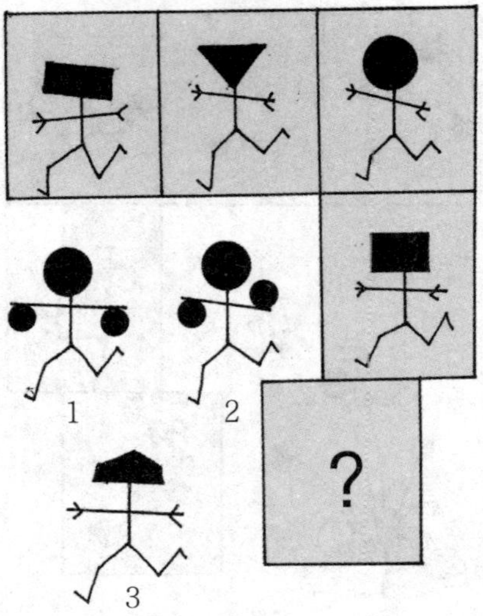

248 辨认图形

请你好好地观察一下这些图形，推断出其中哪个图形与众不同。

249 照　片

小王是个天文爱好者。一天，他拿出一张照片对牛牛说："这是昨晚我在自家屋顶上拍摄天空中星星的照片。"照片是9点30分至12点30分拍摄的，上面是7颗闪闪发亮的星星，标有曝光3小时。牛牛摇摇头说照片是假的。你知道牛牛为什么会这么说吗?

250 叶子下的金币

探长在检查古币收藏家汉斯的尸体时，发现那枚稀有古金币藏在汉斯衣领上一枚绿色叶形徽章的夹层中，凶手没搜走。这时汉斯的侄子走了进来，探长对他说："古币就藏在叶子下面，你替我拿出来吧！"侄子立即从他叔叔身上找到了这枚金币。探长突然厉声道："凶手就是你！"凶手真是汉斯的侄子吗?

251 编故事

小林对小伍说："俺村河对面林子里有个怪物，长得绿脸长嘴，血盆大口，凡是见过它的人都没有活着回来过。"小伍听后哈哈大笑说："你是瞎编的！"小林真是瞎编的吗?

252 隐形人

一位科学家对朋友说，他正在研究世界上最先进的隐形人。这种隐形人全身透明，任何人都看不见，他可以随意进出任何地方。你认为这可能吗?

253 巨款被劫

庄伟负责送一笔巨款去银行，汽车开到中途却被劫持了，直到破案，庄伟始终在巨款旁边，但他并不是劫匪，这是怎么一回事呢，你能想到吗?

254 奇怪的举动

某市一家博物馆珍藏了很多名人的字画。可有一天，几个男子既不买票又不排队冲入这家博物馆，而且对着这些名画泼起水来，弄湿了很多画。事后，警察局和博物馆的领导还表扬了这几个人。你觉得可能吗？

255 神秘的车灯

这是一条狭窄的公路，勉强能并行两辆汽车。一天深夜，密探正在这条路上独自行走时，忽然有辆车亮着前灯从路中央迎面而来。他机敏地闪到路边，眼见汽车就要过来了，谁知在与汽车擦肩而过的一瞬间，躲在路边上的他竟被一下撞飞。这到底是怎么一回事呢？

256 狡猾的间谍

某国有一条非常重要的铁路，很多军用物资都在这条线路上运输。这条铁路要途经一个大山洞，间谍D很想知道这个山洞的具体长度，以便以后可以伺机破坏。但该国对这条铁路的保卫非常严密，旅客列车经过山洞时，洞内不会亮灯，而且列车的窗户都拉着窗帘，根本看不见洞的样子。但狡猾的D还是信心十足地坐上了途经大山洞的列车，他到底有什么办法呢？

257 钱是怎么被取走的

刘老板的儿子被绑架。他按照绑匪要求，带上钱袋走到13路站点，把钱袋扔进停在路边的一辆红色旧车里，赶紧离开。13路站点附近的便衣警察一直监视车子的动静，直到天亮也没见个人影。走近车一看，钱袋已没有了踪影。那么绑匪是如何把钱取走的呢？

258 神秘的头巾

一天傍晚正好停电，探长散步路过一座木桥，突然听见桥上有人呼救，便立即冲了过去，他看见一位缠着头巾的女子跳进河里游走了。桥上躺着一位姑娘说："山清大院……"但还未说完就昏过去了。探长将姑娘送进医院，然后立即赶到山清大院。宅内停电，只见到一个光头矮子和一个留长发的人，留长发者正蒙被子睡觉。你认为这两个人中谁最有嫌疑？

259 老学者的遗产

一位考古学者在临终前，将一把拴有一枚古币的钥匙交给女儿贝蒂，说用它可以找到遗产。贝蒂用这把钥匙开遍了家中所有的抽屉，都没找到这笔遗产。突然，她明白过来，终于继承了一大笔遗产。你知道她是从哪儿找到遗产的吗？

260 妙　计

酒店里，罗杰去上厕所。他刚推门而入，门就被关上，里面一个妇人恶狠狠地对他说："把钱拿出来，否则我就出去喊人，说你……哼！"罗杰突然心生一计，一会儿，这个妇人就乖乖地走了出去。你知道罗杰用什么妙计制伏了她吗？

261 偷运木材

为了防止偷运木材，警察在唯一的河道口设立了关卡，日夜检查一切过往的船只。尽管封锁很严，但仍有木材从河道上被偷运出去。这究竟是怎么一回事呢？

262 脚印做证

赵大与某同事有仇，在一个大雪天，将这名同事杀害在自己家中，然后将尸体扛到距自家不远处的楼房附近，再回家用电话报警，说自己早上散步时发现尸体。探长看了现场，指着脚印说："你在说谎！"你知道探长为什么这样说吗？

263 酒吧奇案

某酒吧里，三名男子在一张桌前喝酒，突然停电。一分钟后恢复了供电，三人又重新喝酒。突然一名男子中毒而死。三名男子在停电时都未离开过桌子。警察让A、B两男子掏出兜里所有东西。A有：手表、钱、香烟、打火机；B有：手表、钱、钢笔、香烟和打火机。你认为谁的嫌疑大些呢？

264 毒品藏在何处

公安局截获了境内毒犯从甲、乙、丙三地发给境外的三封密电，叫境外毒犯来其中一地取毒品。每封密电只有一句话。甲地密电是：“货在甲地。”乙地密电是：“乙地无货。”丙地密电是“甲地无货。”这是毒犯新使用的二假一真秘密联络方法。你能迅速判断出毒品藏在什么地方吗?

265 不好办

一天，探长好友的妻子找到他说：“我们夫妻俩对每件事情意见都不一致，吵架不断。我想提出离婚，你说行吗？”探长思索了一下说：“这不好办。”探长说这句话的根据是什么?

266 钻戒大盗

肖卫欠了林超很多钱，但他总找理由拖着不还。一天，林超到肖卫家讨债，肖卫见自己躲不过，就让妻子把一枚钻戒拿来抵债。当肖卫把钻戒拿给林超时，室内突然停电，五分钟后，电灯亮了，可那枚钻戒不见了。肖卫怀疑是林超偷走了，你认为呢?

267 酒吧血案

布鲁特右手握刀昏迷在血泊里。和他一起喝酒的人说，是他酒醉后拔刀误伤了自己。探长在布鲁特的口袋里搜到了一封写给女友还未发出的信，看过信后，探长对所有在场的人说：“我怀疑是你们中间有人刺伤了布鲁特。”探长为何这样怀疑呢?

268 黑夜枪声

一天晚上，探长正独自在街上散步。突然，他听到前面传来一声枪响，接着又听到一声女子的惨叫声，同时在他眼前一栋楼房的三楼上有人熄掉电灯。探长立刻朝楼上冲去，在三楼楼梯间的黑暗处碰到了一对拥抱的情侣。当探长进入那间熄灯的房间，发现里面空无一人，但地上有血迹。突然，探长脑子闪过一个念头，知道被害人在什么地方了。你知道被害人在哪里吗？

269 演技太差

探长到助手家去取一份密件，一进门，发现助手倒在地上。助手说："半小时前，我正在吃苹果，有人按门铃，我以为是你来了，急忙开门，不料却闯进来两个家伙，他们用手帕捂住我的脸，我立刻失去了知觉，醒来后发现密件不见了。"探长捡起助手啃过的苹果说："看来你在对我说谎！"探长为什么这样说呢？

270 碗中的头像

一家银店被劫，雇员对探长说："我记得盗贼的样子。虽然盗贼闯进来，用枪抵在我背上，我一直背对着他。不过在我递给他一个银碗时，因为银器擦得很亮，所以我看到了他映在碗中的头像。他的左耳上有一个明显的黑痣。"探长却对探员说："应去查一查右耳有黑痣的嫌疑人！"你知道探长为什么会这样说吗？

271 停电奇案

艾米家的小保姆离奇失踪了，探长到她家调查。主人艾米一边打开冰箱拿出冰水给探长喝，一边说："我这几天都不在家，因为四天前家里就停电了，现在也没来电，所以我一直住在朋友家，家里只剩下保姆一人……"探长却说："你在编故事。"探长为什么这样说？

272 神秘的电话号码

银行家凯奇有口吃的毛病。一天，凯奇外出被害，遇害前他给妻子打了个电话，因当时妻子不在家，所以留下了电话录音。探长听到了电话的录音内容："我我……遇到了……一个仇……人，我我我知道他他的电话号……码，就是八八八八四四四……四。"妻子道："真可惜，只说了两位电话号码。"不过探长还是找到了凶手的电话号码。他是怎么找到的呢？

273 邮票藏在哪儿

集邮展上，一枚价值连城的邮票被盗。当警察追踪到窃贼的窝点时，看到四壁空空，只有窃贼一人在吹电风扇。警察立即搜查，可什么也没查到，奇怪的是，窃贼回来后，也没离开过房间。那么，你判断一下，窃贼会把邮票藏到哪儿?

274 奇怪的判决

阿牛做了一碗汤圆，将毒药放在汤圆心里，意图毒害老祖父。结果老祖父吃下一个汤圆就死了。按照老祖父的遗嘱，如果他是意外或自然死亡，阿牛可获得全部遗产。可是，经过调查阿牛被控谋杀未遂，判刑15年，而且他仍然获得了全部遗产。这是怎么回事呢?

275 骆驼之死

动物园的骆驼被人杀害，更残忍的是，它还被剖了腹。这只骆驼是刚从国外进口的，从现场分析，凶手是夜里悄悄溜进骆驼的笼子，然后将其杀死的。可凶手为何要采取这样残忍的手段呢?

276 传递情报

斯特是一个间谍，N国情报机构派人对他进行24小时监视。奇怪的是，斯特在住所从未打过电话，也未与任何人联系，每天只是照例收看邮递员送来的报纸。可没多久，N国情报机构获悉斯特已把情报传递回国了。你知道这是怎么一回事吗?

277 奇怪的异味

有人举报，说皮货贩子江某杀了一只国家级保护动物——大熊猫。探长在江某家调查时，闻到了一股异味，当即步步紧逼，江某只好承认了犯罪事实。探长闻到了什么异味呢?

278 小偷哪去了

一天夜里，花园小区发生了一起盗窃案。两名保安把小偷追进花园里，当保安跑过一个喷泉，又经过两尊人物雕像，追到一口井旁时，发现井边有一只鞋子，用电筒照井中，见小偷的外套浸在水里。他们判断小偷畏罪跳井自杀了，立即去找打捞工具。但他们在返回的途中却发现只剩一尊人物雕像了。你知道小偷究竟跑到哪里去了吗？

279 奇怪的电话

1925年的一天，三木的朋友石川打电话报警说："三木刚给我打来电话，只听到'啊'的一声，随后有倒地的声音。"探长与石川赶到三木家，发现三木被人击昏，电话筒扔在一边，话筒里还不时传出微弱的通话断线声。探长沉思了一会儿对石川说："你是嫌疑人。"探长发现了什么？

280 小把戏

情报员提着皮包走在河边的小路上。这时，有位妇女不小心落下河，而旁边那位男子却因不会游泳只好干瞪着眼。情报员立即放下提包，脱去外衣跳进河中救起了妇女。上岸后，情报员提起皮包准备离开，却突然发现自己上当了。他为什么会这样认为呢？

281 桥上疑案

一天傍晚，叶恒被人发现在一座小桥上中弹而亡。据调查，他买有高额的保险，最近又债台高筑，很有可能是故意这样做从而让家人可以得到赔偿金。但令警方费解的是，在他的身旁却没有发现手枪，桥上也只有叶恒一人的足迹。你认为叶恒的枪会藏在哪儿呢？

282 神秘的接头人

警方接到情报，有两个间谍于上午九点会在火车站候车室接头。警方只知道其中一位代号"麻雀"的相貌。九点整，"麻雀"准时出现了。他走到服务台前，请女服务员为其广播找人。很快广播里传出：“从珠海来的李江先生，请马上到候车室服务台前，你的朋友在等你。”警方等了很久，可那位接头人一直没有出现。其实，在这段时间里，“麻雀”已经和同伙接上了头，你知道他们是怎样接上头的吗？

283 间谍之死

1.85米高的间谍“1号”在开门时被从门外射进的子弹击中头部身亡。“1号”的只有1.6米高的同事正南说：“是我让他住在我家里的，他一定是代替我被害了，因为有人想害我，却把‘1号’当成了我。”探长听后却说：“故事编得不错呀，可惜你还是叛徒。”为什么探长会这么说呢？

284 图纸失窃案

清晨，赵工打电话报警，说他带回家的机密图纸被人抢走了。探长立即赶到赵工家里，赵工说：“昨晚我正在画图纸，突然小区停电，我只好点上蜡烛继续工作。这时邻居有人唱起了卡拉OK，吵得我不行，于是我起身……”探长打断了赵工的话说：“你在撒谎吧！”赵工真在撒谎吗？

285 失窃的汽车

一位农民大伯新买了辆汽车，不料夜里却被人盗走了。大伯听到了汽车发动声，跑到车库一看，车没了。仔细查看了车库后，吁了口气，然后推着自行车去追汽车。千真万确，汽车倒真让他给追上了，这是怎么一回事呢？

286 机关算尽

金库保管员对赶来的探长说：“昨天半夜闯进三个蒙面人，他们砍了我一刀，随后将我捆住，抢了钱然后逃跑了……”保管员随即向探长亮出了他左臂上的伤痕，那里的确有一道伤口，衣袖也被划破，与伤口的位置相符。不过探长仔细观察后，仍然觉得可疑。你知道为什么吗？

287 急中生智

司机小罗发现刚上车的乘客是个被通缉的逃犯，他想了个好办法，车走了一会儿，逃犯就被警察抓住了。你知道小罗想的是个什么办法吗？

288 曝光的胶卷

间谍哈特好不容易盗取了一卷胶卷，小心翼翼地放在上衣口袋里。回家途中，突然胸口剧痛，他便忙到医院看病，医生给他照了张X光片，发现没有什么大毛病，就开了些药给他。下午，哈特回到家，马上去了暗房。不久，胶卷冲洗出来，竟然全部曝光作废了，这是怎么回事呢？

289 百密一疏

劫匪“大懒头”准备去抢劫银行。他事先将原本白色的车用油漆喷成黑色，车头的挡泥板、大灯以及车牌也都更换了。打劫时他蒙着脸，自认为没有什么证据留下来，可是后来警方凭借目击证人的证言很快便将他捉拿归案。他到底漏了什么，你知道吗？

290 海底谜案

一家海洋生物研究所建在40米深的水下，那里水压达到5个大气压。研究所主任有三个助手，这天，三个助手穿上潜水衣到所里工作，上岸后却发现主任失踪了。三个助手都说出当时不在场的证据，山田说：“我用了15分钟游上岸，还和沙滩上的小姐聊了一会儿天。”探长听后，却把他带走了，你知道为什么吗？

291 绝密胶片

退休的情报员“005”拥有一卷绝密的胶片，许多间谍都想抢夺。一天，有人报告“005”死在家中，医生初步诊断他是由于年迈体弱，血管老化导致脑出血死亡的，可探长却坚信他是被那些想抢夺胶片的间谍谋害的。可问题是，他身上找不到一点儿外伤，间谍是怎样伤害他的呢？

292 巨额保险

李先生和太太刚离婚，两岁的儿子由太太抚养。一个月后，李先生出车祸受了重伤，生命垂危。李太太抱着儿子到医院探望他，当晚，李太太、儿子和李先生的母亲都在病房陪着李先生。可天亮后，李先生却死了。死因是被人拔去了氧气管，导致窒息死亡。李先生曾偷偷买下巨额保险，连李太太、母亲都不知道，而保险的受益人是他们仅两岁的儿子，那么究竟谁是凶手呢？

293 旋风盗贼

刘沙丽的提包被人在宾馆里抢了。探长前来调查时，她说："当时，我吃完早餐，刚刚从餐厅里回来，手里还端着一杯喝剩的牛奶。开门后，突然眼前闪过一个人影，那人闪电般地向我袭来。我只觉得头上一凉，然后就什么都不知道了。"探长在房间里四处查看，发现床头柜上的确放着一杯牛奶，刘小姐的额头确实也受了伤。但是，探长认定刘小姐在说谎。你认为呢？

294 假币报仇

小刚与某商店的店员发生了争吵而心怀怨恨。一天，他拿着一张百元假币又来到这家商店，但他转了一大圈，既没有买东西也没有换零钱。在他走后，那位店员就因为某件事情而被人扭送到了公安局，小刚心里暗暗高兴。这是怎么一回事呢？

295 一杯威士忌

刘老板昏倒在自家的床上，看样子是心脏病突然发作造成的。女用人回忆道："大约两小时前，刘先生叫我给他拿加冰的威士忌，后来我去敲门，见没有反应，推门一瞧，唉……"探长查看了那杯酒，威士忌和冰块都很正常，可他还是觉得女用人的话很可疑，你知道为什么吗？

296 叶伟的马脚

一天深夜，叶伟来到警局，说他给独身的舅舅打电话没人接听，怕出了什么事。探长和他一同来到舅舅家，他走进漆黑的房间，打开落地灯，发现舅舅被人打倒在地。这时，叶伟跨过舅舅的身体回到门口对探长说：“糟糕，他被人害了。”探长说：“对，凶手就是你。”为什么探长会这样肯定呢？

297 古怪的小屋

探长追捕一名逃犯，来到一间小屋，屋内上下左右前后都镶满了玻璃镜片，而且不留一点儿缝隙。那么，探长将会看到什么呢？

298 神秘的地方

深夜，小偷阿宏被探长追赶。他逃呀逃呀，逃进一座巨大建筑物的小门里，再往里走，突然在他眼前出现了一片宽阔的草地。在夜色笼罩下，整个草地漆黑一片，空无一人。正当阿宏庆幸之际，草地上空忽然大放光明，整个草地变得如同白天一般，请问阿宏逃到了一个什么地方？

299 奇怪的血型

一天晚上，一个人正在街上散步，突见前面不远处一个年轻女人被车撞了。开车人装作送她去医院，将其抬上车，逃走了。此人觉得不对劲，报了警，警察立即赶到现场，与各医院取得联系，都未发现受伤女子。警察在现场取得被害人血型，是O型和A型，知道被撞的是两个人。目击者肯定被害人是一个人，肇事司机绝没有受伤。那么，在事故现场，怎么会有两种血型呢？

300 头发的秘密

在海关的入口处，警察发现一名短发男子的长相很像一名正被通缉的罪犯，便扣留了他。那名男子大喊冤枉，说：“你们看清楚，虽然我和照片中的那人长得有些像，但我们的头发、眉毛、胡子都不同……”不过，警方就凭着这男子头发的线索，揭穿了他的谎言，你知道为什么吗？

301 消失的金币

一个劫匪抢了银行一袋金币后，立即跳上一辆公共汽车逃走。由于路上堵车，警方很快追上了汽车，逮捕了劫匪，但警方却没能在车内和劫匪身上搜到被抢的金币，而整个过程只不过十分钟而已，你知道劫匪究竟将金币藏到哪儿去了吗？

302 两个相貌

刘汉听见邻居家里传来了阵阵打斗声，连忙透过大门的缝隙往对门观察，发现一个人匆匆忙忙从邻居家跑了出来。当警察赶到时，他对办案人员说："由于嫌疑人跑过大门时，被我看见了，所以能记得他是一个脸型瘦瘦的人……"但事后不久竟有一位长着圆脸的人到警察局自首。究竟这位自首的人是不是真正的嫌疑人呢？你能做出判断吗？

303 汽车牌号

李沙在过马路时被车撞倒在地。但那辆车却没有停下，反而加速逃离了现场。事后李沙对交警说："那辆车的牌号是891。"交警调查891车牌的车主当天确实有证据证明没有开车经过现场。这是怎么回事呢？

304 贼喊捉贼

一个贼深夜潜入一栋高层公寓行窃。但行窃不久，他就主动给警察局打电话报警，随后就被抓了起来。这是怎么一回事？难道他是想投案自首吗？

305 倒霉的宠物

一名富豪被人打昏在自己的别墅里，保险柜里的现金也被洗劫一空。警察发现凶手在打昏了被害人后，又将他的宠物狗"大威"杀害并割破了"大威"的肚皮。如果"大威"威胁到了凶手，为何凶手将"大威"打死后还要割破它的肚皮？发挥一下侦探必备的想象力，你知道当时发生了什么事吗？

306 不翼而飞

在一个狂风巨浪的晚上，一艘客轮在海上行驶，客轮因风浪摇晃不定。头等舱一名富商晚上八点来到甲板上乘凉，十分钟后他返回房间，发现放在皮箱里的珠宝不翼而飞。当警察在邻近客舱讯问一名男子时，他说他是一名作家，当时正在给一家杂志社赶写稿件，并拿出写得整齐的稿子给警察看。警察看过稿件后，立即指出他在说谎。你知道为什么吗？

307 可疑的汽车

半小时前，大雨终于停了。警察局接到报案，说棉纺厂的财务室被盗了。警察赶到那里，发现一个人正好从厂大门出来。警察问他进厂多久了，他说只有四五分钟，然后发动他的汽车准备离开。这时汽车风挡玻璃上的刮水器也同时动了起来。警察见状，马上包围了汽车，你知道为什么吗？

308 特殊老人

长寿镇派出所接到一位老板打来电话说，他错将汽油当灯油卖给了一位老人，这十分危险，求派出所广播寻找。可一小时过去了仍不见老人前来。这镇子不大，广播声所有人都可听见，其间也没人外出。突然警长说他明白了，这是个很特殊的老人，那么，你知道这老人有什么特殊之处吗？

309 椰子树下的案件

夏日的海滩，一青年倒在一棵大椰子树下。他的太阳穴被打破，身旁有一个大椰子，椰子上还沾有血迹，椰树下的沙地上留有椰蟹爬过的痕迹。看样子是青年在树下睡午觉时，一只椰蟹爬上树，剪断了椰蒂，使得椰子不偏不倚正好砸在青年的头上造成的。探长却说这是伪装的现场，真是伪装的现场吗？

310 失败原因

一天，盗窃老手飞毛腿被警察包围在一座大楼的第八层的房间里。他狗急跳墙，打破窗户，跳向对面的一栋楼。两栋楼的间距只有一米宽，但他跳过去却摔死了。这么近的距离不可能失败，而飞毛腿也没有中弹，那么到底是什么原因导致飞毛腿摔死了呢？

311 河堤案

某日，某公司经理李小姐被人从河里救上来，看样子是失足掉进河里的。探长仔细观察了昏迷中的李小姐说："她是被人掐昏后扔进河里的。"你知道探长发现了什么吗？

312 飘舞的白布

庄伟说："出事那天，我正在船上。中午12点，我顺风出发，两小时后，发动机却坏了，更可气的是当时海上一点儿风也没有。我情急之下，找了块大白布，在上面写下'救命'两字，然后降下旗子，升上白布，一会儿就有人驾着汽艇来了。"

你相信他的话吗？

313 消失的逃犯

有个逃犯穿着囚衣闯进了一场舞会，人们居然扬手欢迎他。于是，逃犯玩耍了一阵，然后又换上别人的衣服，从警察眼皮底下溜走了。这是怎么回事呢？

314 狡猾的劫匪

一伙歹徒抢劫了银行后，被人看见驾驶一辆轿车向环城公路逃窜。警方立即封锁了附近各个路口，盘查过往车辆，却始终没能发现该轿车的影子。探长仔细看了封锁路口时拍下的每辆汽车的照片，指着其中唯一的一辆厢式货车说："歹徒是乘坐这辆货车逃跑的。"为什么探长会这样说呢？

315 拔去插头的电风扇

炎热的夏季，一天中午，有人在张经理的办公室里发现了他的尸体。张经理趴在桌子上，旁边放着氰化钾瓶，桌上放有一份遗书，上面写自己是因为公司面临倒闭而自杀的。桌上还有一大堆烟头，看样子，张经理自杀前犹豫过一阵子。屋里太热，探长随手将未插上的电风扇插上，电风扇随即旋转起来。看着旋转的电风扇，探长说道："我知道他到底是不是自杀了！"你知道吗？

316 手臂上的枪伤

一个人描述他与凶手搏斗时的情景：当时凶手向他开了一枪，子弹打在他的左胳膊上，从内侧进入，从外侧飞出。警长看了一下伤口说："这是你自己开的枪吧？"警长为什么这样说呢？

317 手电的光束

房屋开发商刘老板夜里被闯进来的歹徒杀害。保姆回忆说："这伙人冲进来，室内没开灯，他们用手电筒照射，当一股手电光从门缝射进我房间时，我借着手电光看见对方左眼上有块伤疤。"探长听后一笑说："你编得太不靠谱了。"你知道为什么吗？

318 被盗的彩电

利利家一台新买的大彩电被偷了。半个月后，警察抓住两个小偷，他们各偷了一台利利家的彩电，这是怎么一回事呢？

319 温度做证

石松死了，同住一屋的江平说："前天夜里我回到家，发现石松死了，我怕受到怀疑，没有报案，直到今天……"探长立即给死者测了体温，随即把江平带走了，难道死者体温有什么可疑之处吗？江平有可疑之处吗？

320 走　私

边防警察接到群众举报说，江海走私。可奇怪的是江海每天都用自行车驮着一大捆稻草出境，晚上空手回来，用仪器检测自行车和稻草，都未发现任何走私物品。那么请你想想，这个人真的是在走私吗？

321 真假布朗太太

布朗太太因昏迷躺在床上，她有一头红发。探长打开壁柜，里面挂了一套玫瑰红丝绸睡衣，一件深红色外衣。探长看了后认为床上昏迷的人很可能并不是布朗太太。你知道探长的依据是什么吗？

322 井中之人

东村菜园的井里发现一具尸体，村长立即赶到井边。突然，一位妇女跑到井边哭诉："这是我的丈夫！"村长让人辨认都说井太深，黑洞里看不清，要打捞起来才能认出是谁。村长问了妇人一句话，便破了案，他问了一句什么话？

323 奇怪的颜色

麦克斯对赶来的探长说："我妻子有失眠症，昨晚不小心多吃了些安眠药，中毒死了。"探长看着死者那青紫色的口唇，说道："她不是服安眠药死的，你在说谎！"探长为什么这样说呢？

324 惊人的消息

林先生是经营酒店和木材生意的。一天早上，他照常在附近路边报摊买了一份报纸回家，报上说他名下一间大酒店失火，烧死了一百多人；另外，他的木材货仓又离奇失火尽毁；最惨的是报上说他在国外的唯一儿子又被人绑架杀害。林先生看完后马上晕倒中风而死。警方将此事件作为普通意外处理。可在现场查获那份报纸时，警方才明白有人蓄意谋杀，为什么？

325 盛开着的花朵

一个盛夏的早晨，有人在森林边发现了罗丽的尸体。她是过着孤独生活的寡妇，因而平时很少外出。死者的身旁扔着掺有氰酸钾的果汁易拉罐，看样子死者是自杀。死者的哥哥来到现场，指着现场盛开着的各色野花说："她不是自杀！"死者真不是自杀吗？

326 金币案

这天探长发现一个人死于路边。死者邻居告诉探长："我告诫过他，不要把金币弄得叮当响，以免被抢，他总是不听，不知他的金币被偷走没有？"探长检查死者，从死者裤子里发现了那枚金币，探长立刻逮捕了死者的邻居，为什么？

327 波尔中弹

波尔在打猎时被同伴误伤。同伴解释说："我们发现一只鹿，它正在睡觉，我偷偷靠近那只鹿。波尔在我身后，不料，鹿很警觉，突然立起前腿，我开了枪，没打中鹿，却击中了波尔。不知道什么时候他悄悄溜到对面去了。"探长却说："我怀疑是你故意击中了波尔。"真是这样吗？

328 凶　器

查尔斯极力申辩妻子不是自己打死的，因为室内什么凶器也没有。警长看了查尔斯妻子头部的伤，大致是被硬物袭击所致，但室内的确没有任何可做凶器的物件，只有一盒空罐头。但警长仍认为是查尔斯用硬物砸死了妻子。那么，你知道查尔斯使用的是什么凶器吗？

329 水果刀做证

江敏在水果盘上把苹果切成两半，一半递给丈夫，另一半自己吃了。丈夫吃完苹果后，立刻叫起痛来，不久就停止呼吸而死亡。据检查他是中了氰化钾之毒而死的，当时江敏的母亲也在场。探长到达现场后，一时也不知所措。突然，他赶到厨房拿起那把切苹果的刀说："破案的关键就在这里！"这是怎么回事？

330 爆炸的货轮

一艘货轮装了一船黄豆，停在码头等着卸货。可码头等着卸货的船很多，三天后才轮得上。船长命令抛锚，全体人员可以上岸玩。这时有人报告，船底有一处渗水，船长想，一点渗水不会引起多大麻烦，再说船的吨位大，船长让卸完货再修补。不久，船长接到报告，货轮上发生爆炸，警方检查，货轮爆炸不是炸药引起的，那么你认为凶手会是谁？

331 瓜棚疑案

某乡村一处孤零零的瓜棚昨晚起火，被发现时瓜棚已化为灰烬，看瓜人也被烧死。警察发现死者喉部、鼻腔内附有少量烟灰，头部一侧皮下有血肿。这有他杀的可能吗，为什么？

332 间谍的过失

间谍“灰鼠”潜入了间谍“野狼”的家里。他打开屋内所有可能放胶卷的地方，仍然没能找到胶卷。这时“野狼”回来了，他连忙用无声手枪向“野狼”开了一枪。当搜了“野狼”的口袋后，他却叹息道：“哎呀，这次失误了！”你知道他做错了什么事吗？

333 失盗的邮票

人称女飞贼的渝丽偷了枚价值几十万元的邮票，探长立即追到她家。探长知道渝丽肯定来不及转移邮票，可搜遍了房间所有角落，仍不见邮票的影子。这时渝丽靠在贴有大“福”字的门旁冷笑。突然，探长说：“我知道邮票在哪儿了！”那么，你知道邮票藏在哪儿吗？

334 智擒小偷

一个小偷在博物馆关门之前藏了进去，夜里用赝品换了几幅名画。第二天开馆时，下起了大雨，但游人依然很多。小偷钻出来，撑开伞，走出博物馆大门，这时正好碰上探长，探长看了他一眼，突然叫住小偷问他昨天躲在馆内干什么？探长的依据是什么？

335 手中的木筷

高强在家里被人杀害，家里的钱财被洗劫一空。高强趴在地上，手里紧抓着两根木筷。很快，警方确定了高强的三个朋友有嫌疑，一个姓李的拳击手，一个姓林的老师，一个姓张的医生。你认为这三人中谁的嫌疑更大？

336 照片破案

大富豪凯尔12岁的女儿被绑架了，绑匪索要100万美元。凯尔配合警方，假装先同意付钱，但要求绑匪寄张女儿的正面照片来。警方收到照片后很快就破了案。你知道这其中的奥妙吗？

337 深夜的窃案

乔老板家发生了一起抢劫案。乔老板当时不在家，他赶回家时，用人回忆说："发生抢劫前突然停电，室内一片漆黑，一伙人冲了进来，撬开保险柜，拿走了20万元和一块瑞士金表。"乔老板不耐烦地打断用人的话："别说了，盗贼就是你！"盗贼真的是这个用人吗？

338 用人的证词

一富商家昨晚被盗了。当探长去调查时，发现用人因为患有阑尾炎躺在床上。当探长询问她时，她说案发时她正躺在床上，肚子痛得厉害，所以没有看见小偷。探长按了按用人的左下腹说："这儿还很痛吗？"用人大叫"痛"。探长一笑说："别装了，快起来吧！"你知道这是为什么吗？

339 凶手是谁

梅小姐被人杀害，死时手中握着一块紫水晶。经查，以下三人有嫌疑：钻石商乔杰，他曾供应紫水晶给梅小姐，但乔杰在这段时间出国旅游了；梅小姐的男友，二月出生的周江，但据他讲，前一天他一直在生病；身穿紫色服装的罗小姐，她是一个吸毒者，常缺钱花。那么，你认为谁可能是凶手？

340 奇怪的凶器

一天，一位重要的证人在午睡时被一名凶手用非常尖锐的凶器刺伤。凶手刚出门就被抓获，但是搜遍他的全身也没有发现凶器。室内、室外也没有发现凶器。这时探长一抬头，看到墙上的挂钟，说道："凶器就在眼前。"你知道凶器是什么东西吗?

341 两个弹孔

探长赶到枪击现场，发现窗户上有两个弹孔，可在调查时，附近居民都说只听到了一声枪响。你能判断一下这是怎么回事吗?

342 丢失的货物

一超市经理怀疑保管员有监守自盗的行为，便派老刘去监视。老刘全天跟踪保管员。这天上午，仓库保管员在巡视仓库后，去商场转悠了两小时，便回家了。当天下午，经理来仓库检查时，发现又少了货物，而老刘说不应该怀疑保管员。那么盗贼是谁呢?

343 假发的奥秘

帕特是个间谍，被逮捕时，警察对他秃头上的半白半黑的假发产生了怀疑，经X光和红外线检查都未发现什么。突然，警长对手下人说："去把理发师请来。"你知道这是为什么吗?

344 遗　书

卡尔在自己家中死去，在他旁边有一封遗书，遗书是用挥发性很强的墨水写的。遗书上说自己因年老多病而决定自杀，并写明自杀时间是三天前。一支没有笔帽的钢笔放在遗书旁，探长用这支笔写了几个字，发现墨色与遗书一样，于是探长认为这是一起谋杀。这真是谋杀吗？为什么?

345 火柴的秘密

在河北邢台发生了一起盗窃案。嫌疑人赵某被抓后说他根本就没有去过邢台。警察从他身上搜出了一盒普通火柴，由此打开了案件的突破口。你知道这是怎么回事吗?

346 奇怪的伤口

一个人到警察局报案，说被人用棍子猛击头部，第一棍就被打倒在地，他当即俯卧在地上，此后又被连续打了近十下，凶手才扬长而去。经检查，那人从颈部经颅顶至额部都有外伤。探长看到检查结果，微微一笑道："这一切都是你设计的吧？"探长的根据是什么？

347 车子的阴谋

小江在去上班的路上被车撞成重伤。小江妻子说："本来我想用车送他去上班，不巧车子的发动机坏了，出事后我开另一部车赶来的。"警察说："这件事不是这样简单吧！"这是为什么呢？

348 一杯毒酒

兄弟二人相约在一家酒吧喝酒，因为争遗产闹得很不愉快。哥哥举起一杯冰啤酒提议，喝酒泯恩仇；弟弟怕哥哥毒死他，婉言拒绝。哥哥自行先喝了一大口酒，弟弟见哥哥没事，接过酒杯，把剩下的酒一饮而尽。过了一会儿，弟弟中毒身亡，而哥哥却安然无恙。你知道这是怎么回事吗？

349 泥人破案

深夜，一名工匠正独自在灯下制作泥人，屋内突然闯进一个持刀的歹徒。歹徒声称要借点钱用，工匠只好把钱柜的钥匙扔给歹徒。奇怪的是，他没做任何反抗，仍然自顾自地捏泥人。这名歹徒拿了钱就走了，但是没过几天，歹徒就被警方抓住了。你知道迅速破案的原因吗？

350 离奇的伤害

赵伯是个性格孤僻的人，他选了一处人烟稀少的地方做管理员。一天深夜，他喝多了酒，发起脾气来，将室内的好多东西打坏。第二天早上，人们发现赵伯的这次失常行为，竟导致了很多人受伤，那么赵伯是如何在无人的地方伤害到其他人的？

351 巧破杀人案

船老板每天早晨必去布老板门前叫："布老板，赶渡了。"一天，布老板一觉醒来，没见船老板来叫，就自己出了门。一会儿，船老板又来叫："老板娘，快叫布老板起来。"老板娘说他已经走了，船老板听后就去撑渡了。一会儿，一个青年跑来叫道："老板娘，不好了，老板被人杀了。"警察听了三个人的叙述后，指着其中一人说："是你杀了布老板！"你知道他是谁吗？

352 证人的证词

江城发生了一起谋财害命案。证人做证说："10月18日晚上11点钟，我在月光下清楚地看到被告人用枪击毙了受害人，虽说我离被告人有20米远，可当时月光很亮，我能很清楚地看见他的脸。"被告辩护律师立即指出，证人在说谎。你知道为什么吗？

353 火红的大丽花

小王不幸被人杀害，手里却握着一朵火红的大丽花。经调查，死者被害的理由可能有三个：①与同父异母的姐姐争遗产继承权；②将挚友告诉他的秘密泄露出去；③与邻居发生冲突。凶手究竟是谁，你知道吗？

354 神秘的凶器

滑雪季节，女游客卡米突然尖叫着从索道升降梯上摔到山谷里。据调查，卡米是被利器刺进身体后跌下山谷的，但凶器却没找到。坐索道的人很少，只有在距她两排椅前坐着一个男游客，手里拿着滑雪杆与保险绳，凶手有可能是他吗？

355 留在肚子里的子弹

玛丽不幸死在家里，看样子是用手枪向腹部开枪自杀而死，不过那颗射向腹部的子弹却留在体内。探长指出，这不是自杀，而是他杀，你知道探长的依据是什么吗？

356 珠宝大案

黑暗中凯莉小姐的一条价值连城的钻石项链被人抢走了，她来到探长那儿报案说是被一个高个子黑人抢走的。你相信她的话吗？

357 血型破案

盛夏的一个黄昏，一个入室抢劫者作案后逃跑了。警察很快根据血型和DNA逮捕了这个坏蛋。可当时他并没有受伤，室内也没有任何血迹，那么，警察是通过什么途径弄到了劫匪血型的呢？

358 伤痕断案

甲和乙在一个树林里打架，甲把乙打昏了过去。甲后来被警察抓住，仗着没有证据，拒不承认。警长一笑，盯着他的脸指出了证据。警长指出的证据是什么？

359 习惯露马脚

一位流窜犯被警察抓获，他在交代中说他这是第一次犯案。审讯结束后，警察让他在笔录上签字。这个人在每页的右下方签名，按手印，并在改动过的地方按上手印。警察马上指出他一定有前科。你知道警察的依据是什么吗？

360 舞会的秘密

女间谍莎丽得知B国大使馆精心设计了一场舞会，他们向所有的纸包饮料罐里用针筒注射了迷药。结果，所有宾客都中毒昏迷。可当时她也喝了饮料的呀，为什么没有中毒呢？

361 奇怪的脚印

卡特在雨天放晴后的早晨被人击昏，现场留有大而浅的脚印。管家、矮个厨师和高个管理员都有嫌疑。管家脚印很普通，厨师脚印小而浅，管理员脚印大而深，三人脚印都与现场脚印不符，但警方还是在这三人中发现了可疑的人，你知道是谁吗？

362 消失的脚印

一天深夜，海边一幢别墅里发生了一起离奇的盗窃案。事后警方跟踪小偷的足迹，发现他离开别墅后一直走向沙滩，然后脚印突然在沙滩不远处消失了，再也没有发现往回走的脚印。你知道小偷是怎样离开沙滩的吗？

363 浴室被害者

在一间公共浴室里，一个长发女人在淋浴时被人勒死，可现场只有毛巾，没有绳子之类的东西。案发时，另一个人也在场淋浴，她的嫌疑最大。可所有人都证明她们在外面更衣室里清楚地看到她什么也没拿就从淋浴室里出来了。探长看了看死者，突然明白凶手是用什么将被害人勒死的。你知道吗？

364 报考警察

小明考警校时，警官给他出了一个难题，让他找一个充分的理由离开考场。但不能是“肚子痛”这类的理由，因为肚子痛可以把医生叫来。小明想了想，说了一句话，警官就说他通过了。你知道小明说了句什么话吗？

365 露出破绽

阿沙回家，发现门被人撬开，屋内墙上还喷有恐吓文字。她怀疑是前男友阿龙所为，立即报了警。警察打电话给阿龙说阿沙住所的门被人撬开了，阿龙表示愿意帮助警方捉拿那个进屋乱喷漆的家伙。警察当场指出他在说谎。为什么？

366 可疑之处

一架国际航班降落在首都机场。检察官在查看一名外商护照时，了解到他居然是早上从泰国首都曼谷出发，经菲律宾首都马尼拉，再经广州，最后飞抵北京的。检察官立即指出此人可疑。为什么？

367 失踪的爱马

大富豪的爱马走失在一片森林里，很可能已经被野兽吃掉了。大富豪邀请探长帮忙寻找，可是林海茫茫，到哪儿去找呢？探长望望四周，只见松涛滚滚，乌鸦乱飞。忽然，他像发现了什么，转身走向西边。果然，他们在那儿找到了那匹马的遗骨。你知道探长发现了什么吗？

368 奇怪的绑匪

陈董事长的儿子被绑架了，赎金按绑匪要求邮寄到某地。警察调查时发现收件地址和人名都是虚构的，难道绑匪不要赎金了吗？绝对不可能！警察灵机一动，发现了绑匪的真面目……你知道绑匪是谁吗？

369 借据丢失后

卡尔借给帕特2000金币，可借据却被弄丢了。他找来好友纳斯丁想办法。纳斯丁问："借钱时有没有别人？"卡尔摇摇头。纳斯丁又问："借钱的期限多久？"卡尔说："一年。"纳斯丁想了一下说："有办法了。"接着他说出了一个巧妙的方法，让卡尔获得了一个重要的证据。你知道是什么办法吗？

370 小偷是谁

张三、李四、王五、赵六同住一栋楼。一个是警察，一个是店主，一个是医生，一个是小偷。①张三的儿子骨折，张三带他去看医生；②医生的妹妹是王五的妻子；③小偷没有结婚，他养了许多鸡；④李四常找小偷买鸡蛋；⑤警察和王五是邻居。根据以上信息，你知道小偷是谁吗？

371 谁是老实人

一家五兄弟各说了一句话。老大说："我们五人中，有一个人在说谎。"老二说："我们五人中，有两个人在说谎。"老三说："我们五人中，有三个人在说谎。"老四说："我们五人中，有四个人在说谎。"老五说："我们五个人全都在说谎。"由这五句话，你能推断出谁说了真话吗？

372 上　菜

服务员正在给51位客人上菜，有豌豆、胡萝卜和花椰菜。要胡萝卜和豌豆的人比只要豌豆的多2位；只要豌豆的人是只要花椰菜的2倍。有25位客人不要花椰菜，有18位不要胡萝卜，13位不要豌豆，6位客人要了花椰菜和豌豆而没有要胡萝卜。请问，有多少位客人3个菜都要了，而多少位客人只要了花椰菜?

373 谁有罪

一家百货大楼被盗，警察调查了三名主要嫌疑人——刘江、赵正和黄卓，并查明了以下事实：作案人是开汽车跑掉的；不伙同刘江，黄卓不会单独作案；赵正不会开车。作案人就是以上三人中的一个或几个，请问刘江在此案中有嫌疑吗?

374 干　活

佳佳、丁丁、贝贝、乐乐要干四样活：担水、烧水、淘米、洗菜。已知：佳佳不担水，也不淘米；丁丁不洗菜，也不担水；如果佳佳不洗菜，那么贝贝就不担水；乐乐既不担水，也不淘米。你知道他们各做什么吗?

375 奇　怪

贝贝乘火车，坐在对面的是一个他不认识的大哥。当火车穿过隧道时，大哥的脸上挂了一层黑烟灰，而贝贝立即站起来去洗脸，大哥仍然坐着没动。你能推断出这是为什么吗?

376 猜　糖

老师对两个学生说：“我这儿有三颗糖，两颗软糖，一颗硬糖。现在我分给你们每人一颗，我自己留一颗。请你们根据自己手上的糖，推断对方手里是什么糖。”这两个学生闭上眼，手里拿着糖，过了一会儿，其中一个学生喊道：“我猜着了。”请问，他推断对方手里拿的是什么糖?

377 见　面

夏日的一天，有三个朋友相约第二天见面，可是他们都有些怪脾气，你推断一下，他们三个第二天能相见吗？

378 偷吃者

佳佳的生日点心被别人吃了，于是就问了四个淘气的朋友，A说："B吃啦。"B说："D吃啦。’C说："我没吃。"D说："B说谎！"他们其中只有一个人说了真话，你能推断出是谁偷吃了点心吗？

379 取筷子

一个不透光的盒子里有黄、白、红3种颜色的筷子各10双，在不看的情况下任意摸，最少要拿出多少支筷子才能保证有1双颜色相同？

380 什么职业

甲、乙、丙、丁同住一幢18层大楼，当中有会计、工程师、医生和演员。甲住丙上面，丁的下面；乙住医生下面；丁住的那层是演员住那层的层数的五倍。如果工程师从现在住的这层往上搬两层，正好在医生和会计住的中间；如果工程师现在住的这层往下搬六层，就会住在医生和演员住的中间这一层。请你判断甲、乙、丙、丁各从事什么职业，各住哪一层楼？

381 抓阄儿

小李向经理请假去旅游，经理开玩笑说："这样吧，我写两张纸条折起来，一个写‘同意’，一个写‘不行’，你只能抽一张，就看你的运气了。"小李心想，这两张纸条肯定都是写的"不行"。他略略一想，突然拿起一张纸条吞进肚里。经理马上说："你可以去旅游了！"你知道经理为什么会这样说呢？

382 真假牧师

有三个人被关在牢房里，其中一人是被误抓的牧师，另外两人一个是骗子，一个是赌棍。三人中，骗子不讲实话，赌棍说不说实话要根据情形对他是否有利，牧师讲实话。探长问一号牢里的人：“你是谁？”那人答：“我是赌棍。”问二号牢房的人：“一号牢房的那人是谁？”那人答：“骗子。”问三号牢房的人：“一号牢房的那人是谁？”那人答：“牧师。”那么，你能推断出这三人中谁是真牧师吗？

383 坏蛋与小孩

一个坏蛋对被自己抓住的小孩说：“你说一件事情，要是我做不到，就放了你。”聪明的小朋友，如果是你，你会怎么说呢？

384 邻座是谁

老大、老二、老三、老四、老五和老六兄弟六人，准备围在一起看书时，却表示自己和上一个及下一个兄弟之间不和，绝对不和他们挨在一起。如果这时老三的邻座不是老五，那么请你推断老二的位置。

385 谁是谁

某市有个张老板很出名，有个无赖嫉妒张老板，便化装成张老板模样招摇撞骗。一天他正好被真张老板撞见，于是被送到了公安局，警长分辨不清，便问道：“你们俩当中有一个是张老板吗？”A回答：“没有！”警长听后略作思考，便推断出了A、B各是什么人。你推断得出吗？

386 排顺序

花花、莉莉、珍珍、敏敏、欢欢五个小姑娘均为同年同月生，而且出生日期一天紧挨着一天。敏敏出生早于莉莉的天数，同珍珍出生晚于欢欢的天数正好相同，花花比欢欢早生两天。那么，请你推断出五人的出生顺序。

387 求职者

假如你是某地一位职业介绍所负责人，该地只有绝对说谎和绝对讲真话的人。有个人来找工作，他看上去很诚实。他告诉你下一位求职者告诉过他，她是一个说谎的人。请问第一个求职者是说谎了呢，还是讲的实话？

388 分颜色

三个袋子分别装着两个黄色乒乓球，两个白色乒乓球，一个黄色和一个白色乒乓球。三个袋子上都有标签标明“黄黄”“白白”“黄白”，但现在却弄乱了。每个袋子里装的球都与标签不一致了。请问，怎样只拿出一个乒乓球，便弄清楚各袋子里乒乓球的颜色？

389 谁最后回来

小林、小袁、小杨、小夏同住一个宿舍。按规定，谁最后回宿舍谁就关掉灯。一晚，四人中最迟回宿舍者忘了关灯。第二天老师查问，小杨说：“我回来时小林还没有睡。”小袁说：“我回来时小夏已经睡了。”小林说：“我进门时小袁正好上床。”小夏说：“我上床就睡了，什么也不知道。”请问他们谁最后回宿舍？

390 六个按钮

某人在门前安了一排六个按钮，其中只有一个是开门的。大门上贴有一张告示：“A在B的左边，B是C右边的第三个，C在D的右边，D紧靠着E，E和A中间隔一个按钮。请按上面没提到的按钮。”请问，这六个按钮中，开门的按钮处于什么位置？

391 成　绩

小敏说：“我考得最好。”小颖说：“我不是最差的。”小兰说：“我考得没有小敏好，但不是最差的。”小红说：“就我考得最差。”四人中只有一个人说错了。请你把她们的成绩由高到低排列出来。

392 便宜鞋

“3·15”这一天，各家商店纷纷搞起打折活动。有一种鞋原价相同的情况下，甲商场九折优惠，乙商场买十双送一双。请你推断一下，哪一家商场的鞋便宜?

393 过 河

三个小朋友乘船过河，两个一年级学生和一个二年级学生并排坐在一块，他们是两个男孩和一个女孩。一个男孩坐在女孩的右边，另一个男孩又坐在这个男孩的左边，二年级学生的左边是一个一年级学生，这个一年级学生又坐在另一个一年级学生的右边，你能推断出左中右这三个学生的性别和年级吗?

394 下 棋

甲、乙、丙、丁四个同学进行下棋比赛，每两人对局一次，结果，甲胜了丁，而且甲、乙、丙三人胜的局数相同。请你推断一下，丁胜了几局?

395 重 量

三个胖小姐甲、乙、丙身体重量不一样，四个甲是三个乙，四个乙是三个丙，丙比甲重70公斤，你能推断出三人究竟有多重吗?

396 钢 笔

甲、乙、丙、丁四个同学上学时捡到一支钢笔，交给了老师，可谁都不说是自己捡到的。甲说：“是丙捡的。”丙说：“甲说的与事实不符。”乙说：“不是我捡的。”丁说：“是甲捡的。”这四人中只有一人说了真话，你能判断出钢笔是谁捡的吗?

397 学校和专业

张家有三个孩子，分别在甲、乙、丙三所大学上学，学的是历史、化学和生物专业。已知老大不在甲大学，老二不在乙大学，在甲大学的孩子不是学历史的，在乙大学的学化学，老二不是学生物的。那么，你能推断出老三上的是哪所大学，学的又是什么专业吗？

398 错　误

一次，小华指责小明说谎，小明说："我今天绝对没有说谎，从我出生到现在，我只说过三次谎。"小华当即说："你说你以前只撒过三次谎，这本身就是一句谎话，可以说这是你第四次撒谎。"你能证明，无论如何，小华的这种说法都是错误的吗？

399 考试卷

佳佳下午某整点开始考试，考试时间为100分钟，佳佳完成全部试题用了一个多小时。监考老师一看表，佳佳完成试题花的时间（分钟数）正好是开始考试时间点数的立方。请你推断一下，佳佳是几点参加考试的，又是几点完成试卷的？

400 好医生

有A、B、C、D四位医生准备做手术。病人问哪位医生好，他听到如下回答：①C的手术成功率比其他三位低；②C、D比A、B的手术高明；③D的手术不是最好的；④A、B的手术比D好，但比C差；⑤B的手术不是最好的；⑥B、C的手术比A好，也比D安全可靠。这六句话中有一句话是错的，请你判断一下，病人应请哪位医生最好？

401 男子汉

我是一个男子汉。如果张华的儿子是我的儿子的父亲，我与张华是什么关系？我是：

（1）张华的祖父。

（2）张华的父亲。

（3）张华的儿子。

（4）张华的孙子。

（5）张华自己。

（6）张华的叔叔。

402 从事的工作

丽丽、莎莎、媛媛每人身兼两职，线索有：①在一次聚会上，舞蹈演员巧遇作家；②烈日高悬的正午，丽丽与莎莎陪同教师一起到大海畅游；③莎莎住的楼房同小提琴手住的楼房遥遥相望；④教师的妹妹和歌唱演员的妹妹在同一家公司就职；⑤舞蹈演员每星期六都来拜我教课；⑥作家和小提琴手经常相约去媛媛家看电视，媛媛边画画边陪她们。请你推断出她们每人从事哪两项工作？

403 帽子颜色

有三顶红帽子和两顶黑帽子，让三人分别戴一顶，但各自并不知道自己头上的帽子颜色，余下的两顶也不让他们瞧见。现在让他们猜各自头上帽子的颜色，A说不知道，B看了A和C也说不知道，C听了二人回答后说：“我知道我的帽色了！”请你判断一下，C的帽子究竟是什么颜色呢？

404 搭 档

张、王、林、赵、李、朱、孙、吴是四对乒乓球男女混合双打选手。请你从下列五个条件推断：谁是女选手、谁是男选手、谁和谁是搭档？①赵的搭档是朱的表哥；②张、赵两人经常换衣服；③混合双打比赛时，林、吴、张常去为朱加油；④王比赛时，张、赵、朱也常去观看；⑤吴、赵、李住在同一宿舍，孙常去他们（或她们）宿舍找搭档研究技术和战术。

405 谁放走了猫

爸爸责问是谁放走了猫。金娜说：“可能是博良，也可能是科利。”莎莎说：“是博良放走了猫。”博良说：“是科利。”科利说：“不是我，是金娜。”列那说：“这事绝对不是科利干的。”爸爸听后说：“五个孩子中只有三个孩子讲的是对的。”请你判断一下，是谁放走了猫？

406 什么人

假定：①所有的因纽特人都穿黑衣服；②所有的北婆罗洲土著人都穿白衣服；③绝没有穿白衣服的同时又穿黑衣服的人；④A是穿白衣服的人。请问：A是北婆罗洲土著人吗？

407 三张牌

桌上有三张扑克牌排成一排，K右边的两张牌中至少有一张是A；A左边的两张中也有一张是A；方块左边的两张牌中至少有一张是红桃；红桃右边的两张中也有一张是红桃。请你推断出这三张是什么牌？

408 四对夫妻

四对夫妻同在一车间，分别姓王、钱、李、周、孙、陈、吴、徐。①王结婚时周在做客；②周与钱的大衣尺寸、款式、颜色一样；③李的爱人是陈的爱人的亲表兄；④未结婚前周、李、徐曾住在一起；⑤陈氏夫妻外出时，吴、徐、周的爱人曾去码头送别。请你推断出他们之间谁同谁是夫妻？

409 提包颜色

小白、小黄、小兰在车站相遇，她们之中提白色包的人说：“真有趣，我们三人的提包，一个是白色的，一个是黄色的，一个是蓝色的，可没有一个人的提包颜色和自己的姓所表示的颜色相同。”小黄接着说：“是呀！”请问，小兰的提包是什么颜色？

410 两棵桃树

老妈妈种有两棵桃树，一棵在北坡，一棵在南坡。一天，老妈妈让两个儿子分别去看桃子长多大了，老大回来说：“北坡桃子长得像茶杯口大。”老二回来说：“南坡的桃子长得像核桃大。”20天后，老妈妈亲自去看，南坡和北坡的桃子都有茶杯口那么大，老妈妈立即明白了其中一个儿子说了谎。你能判断出是谁说了谎吗？

411 车型号

余明、洪波、赵军各骑“125型”“100型”“50型”摩托车进城。三人把车停在一座大厦门口，过来一名警察，说他们违反规定，写上了三人姓名。警察抄牌照时问：“你们各自的车型是什么？”三人让警察猜，警察说：“赵军是‘125型’，余明肯定不是‘50型’，洪波不会是‘125型’。”实际警察只猜对了一个。请问，他们三人各自拥有什么型号的摩托车？

412 百米冠军

参加田径一百米决赛的有A、B、C、D、E、F六个人，谁会得冠军？张燕、王军、李杰谈了自己的看法，张燕认为，冠军不是A，是B；王军坚信，冠军绝不是C；李杰认为D、E、F都不可能取得冠军。赛后发现，三人中只有一人的看法是正确的。请问，百米冠军是谁？

413 什么人

法官面前站着三个人，其中一个是农民或小偷。法官知道农民回答是真的，小偷回答是假的，但他不知道他们之中谁是农民，谁是小偷，因此法官依次从左向右向他们提问。他悄悄地问左边的人：“你是什么人？”这人回答后，法官问中间和右边的人：“他刚刚回答的是什么？”中间的人说：“他是农民。”右边的人则说：“他是小偷。”请问：站在中间和右边的各是什么人？

414 钥　匙

小明、小华、小强三兄弟住三间互不相通的房间。每间房门上有两把钥匙。他们回家时间有先有后，但他们既没增配钥匙，又没将钥匙放在门外的某处，即每个人都可以进入各个房间。请你推断一下，他们是怎么办到的？

415 几只袜子

一天晚上，小明准备外出，当他正想从衣柜中拿出袜子时，电灯熄了。他的袜子共有两种颜色，咖啡色和白色各一双，在黑暗中摸索，如果左、右两足各穿不同颜色的袜子，那会出丑。他这时要保证拿出一双颜色相同的袜子到外面亮的地方去穿，应该拿几只袜子？

416 孙　女

我是美国人，孙女们都不满17岁，都长着红头发和蓝眼睛。已知法定选举年龄为18岁，那么根据以上提供的情况，你能判断出下列哪种说法正确吗？（1）我最大的孙女还不能参加选举；（2）我最大的孙女是个漂亮姑娘；（3）我最小的孙女还不能开车；（4）我最小的孙女留着红短发。

417 拿　糖

小燕要吃糖，妈妈对她说："先把眼睛闭上，我再拿出四盒糖来，每盒只有四粒糖，四盒糖中各两盒糖纸一样。你若能拿到包糖纸花样不同的糖各一盒才许吃。"小燕想了想，很快就拿到包糖纸花样不同的一盒糖。请问：小燕是怎么拿的？

418 什么关系

李小姐结婚，一位朋友来访时问她："您和您先生是怎么相识的？"李小姐回答："从我娘家算来，我们算是亲戚，很远很远的远亲。他是家母弟媳的哥哥的堂兄的姐姐的表弟的儿子，你说他同我是什么关系呢？"你知道吗？

419 选　菜

有几位小朋友的食物是这样的：玛丽不吃鱼，也不吃菠菜；莎丽不吃鱼，也不吃豆角；史蒂夫不吃虾，也不吃豆角；艾丽斯不吃牛肉，也不吃西红柿；吉姆不吃鱼，也不吃西红柿。如果你请这几位同学吃饭，应该选下列哪些食物：豆角、奶油鳕、莴苣、芹菜、烤牛肉、烤鸡。

420 谁是冠军

体育馆里正在进行200米自由泳决赛。决赛的6位运动员分别站在A、B、C、

D、E、F六条水道的起跳点上。谁能夺得冠军？李丽说：“冠军可能是A道上的1号，也可能是B道上的2号。”蒋伟说：“冠军不可能是C道上的3号。”付敏说：“D、E、F道上的4、5、6号绝对不是冠军。”比赛结束了，三人中只有一人的看法符合实际。请问，谁是200米自由泳的冠军？

421 头顶祥云

一天，有位相士见赵王，说他能凭面相看出一个人的贵贱。赵王不信，随即叫出几名歌女和年轻美貌的妻子，几人穿戴一模一样，立于庭前，请相士辨认。相士灵机一动，说：“头上有祥云飘动的那位是您妻子。”随后，他指着其中一位说：“就是她！”相士果然说中了，那么你知道其中的奥秘吗？

422 不同的问题

丁丁来到一个小岛上，岛上生活着A、B两种当地族人。A族语言中“是”读作“维瓦”，“不是”读作“吉里伊”；B族正相反。丁丁遇到两个老人，他问道：“你们身体好吗？”一个回答“维瓦”，另一个回答“吉里伊”。丁丁一连提了很多问题，这两位老人的回答都不相同。请问：当丁丁提什么问题时，两位老人会异口同声呢？

423 谁是姐姐

大森林里住着姐妹俩，姐姐上午说真话，下午说假话；妹妹则相反。佳佳在森林里遇上她俩，问道：“谁是姐姐？”高个子的说：“我是。”矮个子也说：“我是。”佳佳又问：“现在是什么时间了？”高个子的说：“快白天了。”矮个子的说：“白天过去了。”请问当时是上午还是下午？哪个是姐姐？

424 如何说

阿果看见阿聪在玩游戏机，羡慕不已。可阿聪说：“想玩吗？如果你猜出我心里正想什么，我就给你玩。”请你告诉阿果该如何说，才能使阿聪把游戏机给阿果玩。

425 过生日

佳佳对小华说："我长期住在北京，今年22岁。我出生在飘雪的冬季，但现在每次过生日都是在夏天。"小华怎么也弄不明白这到底是怎么回事，你能告诉他为什么吗?

426 能喝的水

一名船员上了一座小岛，发现有一眼泉水，但不知道能不能喝。这时来了一个岛民，船员知道岛上有两个民族，一个从不说谎，一个开口就说谎。岛民回答问题只说岛上的语言'是"或"不是"。船员问他："今天天气好吗?"岛民回答："拉谷娃。""这水能喝吗?"岛民仍回答："拉谷娃。"据此你能确定水是否可以喝吗?

427 星期几

乐乐来到一个陌生的城市。这个城市的男人只在星期一、二、三说谎话；女人只在星期四、五、六说谎话。乐乐搞不清楚今天是星期几了，于是他分别问男人和女人："今天星期几了?"男人和女人都没有直接回答星期几，而是各说了一句："昨天我说谎了。"那么你知道今天到底是星期几吗?

428 回　击

一次，小华给小明讲解一道数学难题，小明一时没弄懂，小华气得对小明嚷道："给你讲数学题，真是对牛弹琴！"小明瞪了小华一眼，跟着用这话回击小华。你知道小明是怎样回击小华的吗?

429 罗刹国

罗刹国的居民分为四类：正常人、神志不清的人、正常的夜叉、神志不清的夜叉。对人来说，正常的都说真话，神志不清的都说假话；对夜叉来说，正常的都说假话，神志不清的却说真话。唐僧经过此地，他很聪明，只要问一个问题，就可确定回答者是人还是夜叉。请猜猜，唐僧是怎么问的?

430 纽扣

老师对两位学生说："这儿有三颗纽扣，两白一黑，我把其中两颗放在你们背后，但你们可以看到对方的纽扣颜色。然后你们会被带到两间屋子里，谁先正确说出自己身后纽扣的颜色，谁就获胜。"一会儿，其中一人从屋子里出来，正确说出了自己背后纽扣的颜色。请问他是怎么知道的呢？

431 购物

六位主妇A、B、C、D、E、F同时到商场购物，要买帽子、戒指、书、鞋、手巾和衣料。E留在一楼，F去二楼了。卖书的地方在三楼，买鞋的太太去了五楼，电梯中只剩下A。第二天，C收到昨天去二楼的那位太太的衣料作为礼物。C的丈夫也收到另一位太太的一顶帽。现在知道出售戒指的地方在一楼，D是第六个下电梯的，那这六位太太各买了什么东西呢？

432 谁摸到东风

金、陈、柯、谢四人打麻将分座位。老谢摸的是老陈的下家；老柯向老谢对家借了火点烟；老柯向自己对家说："你先发牌，快点吧。"老陈坐在老金的右边；老金的右边是老陈，左边是摸到东风的庄家。请你推断各人所摸到的座位。

433 爱好

三个青年工人胡、刘、杨，三人的工种分别如下：①他们是车工、电工和木工；②他们分别爱好文字、绘画和音乐；③车工称赞音乐家口琴吹得好；④画家请电工装过电表；⑤音乐家和作家常请姓胡的工人一起看电影；⑥车工和画家的弟弟在一个车间工作；⑦姓刘的向作家请教过写作技巧；⑧三人下棋时，画家、姓刘的都输给姓杨的了。你知道胡、刘、杨三人各担任什么工种，有什么业余爱好吗？

434 决斗

A与B约定在荒郊做生死决斗。现场风雨大作，雷电交加，两人不顾一切同时拔剑出鞘。A突然发现手上是一把竹剑，知道被人偷换了，大吃一惊。就在这电光一闪之时，胜负已定。请你推断一下谁生谁死？

435 问 路

佳佳要到A城去，当他行至丁字路口时，不知道该往右还是往左走。在丁字路口的两边各坐着一位鞋匠，一位讲真话，一位讲假话，而且他们之间彼此了解对方的底细。现在，要求佳佳只准向其中一位鞋匠探问一句，就能正确地走向A城，那么他该怎么问呢？

436 取木块

啄木鸟先生的布袋里有红、绿两种形状、大小相同的木块各8块，要保证它一次摸出两种不同颜色的木块各两块，至少必须取出几块？

437 名 次

运动会进行百米、跳远、跳高比赛。第一名得5分，第二名得3分，第三名得2分，第四名得1分。比赛结果，甲班得名次的人数最少，总分却是第一；乙班没有人得第一名，总分比甲班少1分；丙班得名次的人数最多，总分比乙班少1分。你能推断三个班各得了几个什么名次吗？

438 掷钱币

你刚刚将一枚钱币连续掷了10次，钱币落在地上时都正面朝上。如果没有摇晃钱币，你再掷，下次钱币正面朝上的可能性会怎么样？

439 绳 梯

港口停泊着一艘货船，船舷上挂着绳梯，从甲板直到下面，其一端没入海水中，有四米多露出水面。不久，潮水涨了，海面逐渐高起来了。到满潮时，海面大概较落潮时高了约一米。请问，这时绳梯应该有多少露出在海面上？

440 姓　名

一对青年男女初次会面，男问："贵姓？"女答："我姓一加一。"并反问："你呢？"男答："咱俩都一样，只是上横翘两中长。"男又问："青春几何？"女答："被四除多三，被六除多五，被八除多七。"男说："也够巧的，你乘十，我减七，刚好差你二百一。"请问，他们二人各姓什么？各多少岁？

441 预言家

有一预言家被一伙人绑架，准备将其杀害。其中一人对预言家说："行刑前你可预言一下将要发生的事，说对了就将你枪杀，说错了就执行绞刑。"那么，预言家怎样说，才能免于死刑呢？

442 最漂亮

甲、乙、丙、丁各有一孩子，要选出其中最漂亮的一个。每个大人有五票，可以随手投，但给一个孩子的票数不能超过三票。乙给三个孩子相同的票数。丙仅投自己孩子的票。丁给自己孩子投了尽可能多的票。甲给乙和丙的孩子票数一样。结果，四个孩子各得五票。而且把各人对四个孩子所投的票打开一看，没有两组数字是重复的。问：甲的孩子得的五票分别是谁投的？

443 几　圈

小华有两个1元的硬币，他将A币固定不动，将B币绕着A币转动一圈后，B币自身转动了几圈呢？

444 什么人

莎丽的女儿是我儿子的母亲，如果我是男性，那么我是莎丽的什么人？

445 三位小朋友

三位小朋友分别叫小丽、小红、小琳。一天她们三人一个扎着小辫、一个穿着花裙、一个戴着凉帽，在一起玩耍。先是小丽和花裙姑娘、凉帽姑娘手拉手跳舞，接着花裙姑娘和小红对歌。你能说出三人的穿着打扮吗？

446 取　笔

贝贝向爸爸要红、蓝水彩笔各两支。爸爸拿出四盒笔来，两盒是红的，两盒是蓝的。那么，贝贝要怎么取笔才不会出错呢？

447 意思近似

“物以类聚”与下面哪一句意思相近？①鸣鸟总是在一起；②有羽毛的鸟和睦相处；③人们倾向于和类似自己的人待在一起；④如果很多鸟在一起，它们可能是颜色相同的鸟；⑤有羽毛的鸟不欢迎无羽毛的鸟；⑥有羽毛的鸟喜欢和无羽毛的鸟在一起。

448 游　客

有5对夫妇准备乘汽艇绕湖游览，其中3对夫妇没有孩子，另外两对各带3个孩子，共6个孩子。汽艇定员为12人，但最后这些人全都一起乘上了汽艇。你能说出这是为什么吗？

449 名　次

有五人参加汽车比赛，结果没有相同的名次。威尔不是第一名；约翰既不是第一名，也不是最后一名；乔在威尔后一名；詹姆斯不是第二名；沃特在詹姆斯后两名。那么他们五人获得名次的顺序是怎样的呢？

450 取袜子

有两位盲人各买了3双黑袜和白袜。这6双袜子的大小、质地都是相同的。他们不小心将这6双袜子混在一起了。请问他们怎样做，才能取到各自的3双黑袜子和白袜子呢？

答案

1. 鸽子与鱼

看见了吗？鸽子就在鱼中藏着呢。

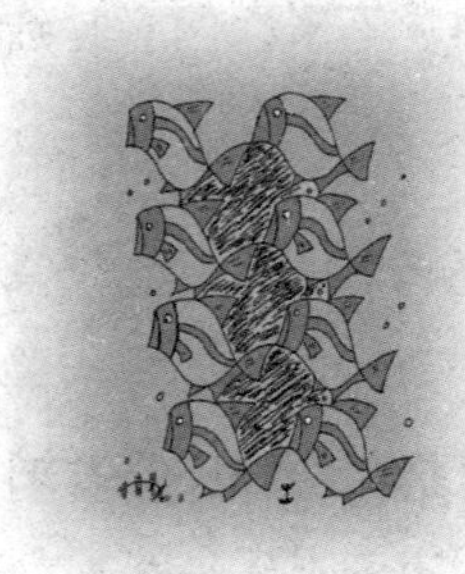

2. 画中字

山山水水。两个山，两个水。（倒影）

3. 海浪

把图倒过来，就能看见3只鹅。

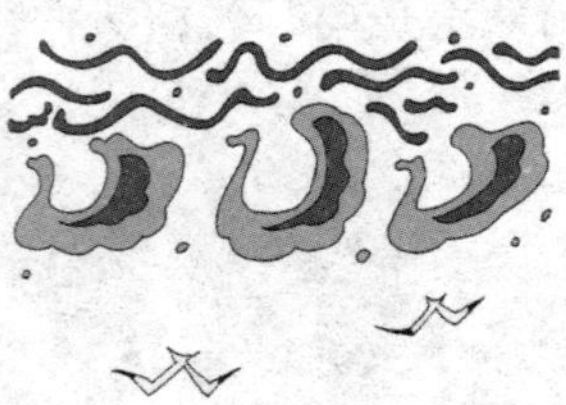

4. 林中的秘密

把图形顺时针旋转90°，有“在”和“生”两个字。

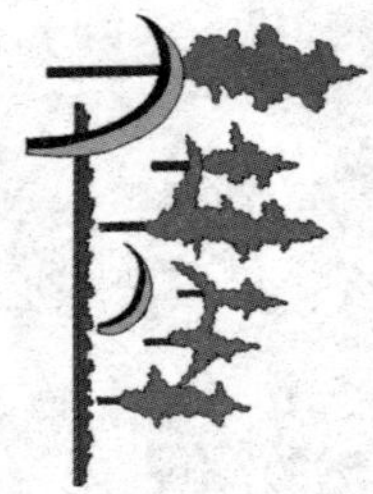

5. 怪东西

这是一幅风景画。横过来看，就可以看出山、树和湖面上的倒影。

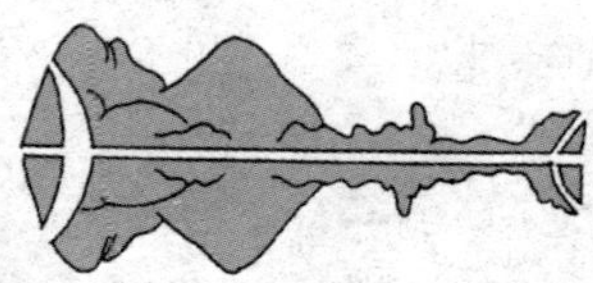

6. 农夫在哪里

农夫就在图的左半部分！

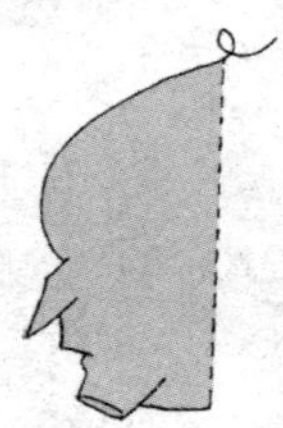

7. 这是一条鱼

这下知道了吧！

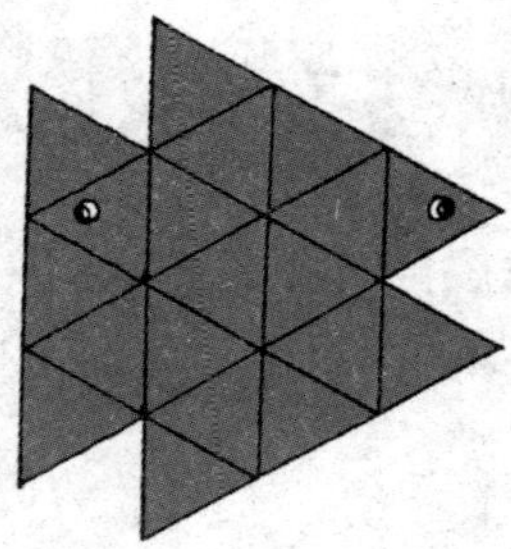

8. 谁扔的苹果

苹果核左右就是那乱丢核的人。

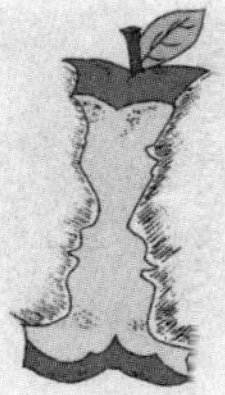

9. 蛋糕少了吗

将图上下颠倒一下，缺的那块小蛋糕不就找着了吗！

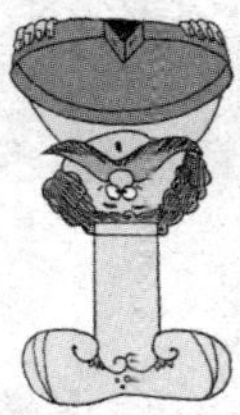

10. 下棋的人在哪

看见了吗？下棋的人就藏在棋子的两侧。

11. 逃犯在哪里

看见了吗？逃犯就藏在两棵树之间。

12. 丢失的兔子

当然可以。将图上下颠倒，就可以看到这只奇怪的兔子了。

13. 林子里有人吗

把此图旋转180°，你就会看见藏着的逃犯了。

14. 鸟在哪

把图旋转180°，你就会看到那只大鸟了！

15. 大山与老人

把图沿顺时针方向旋转90°，你就可以看到这位群山老人了。

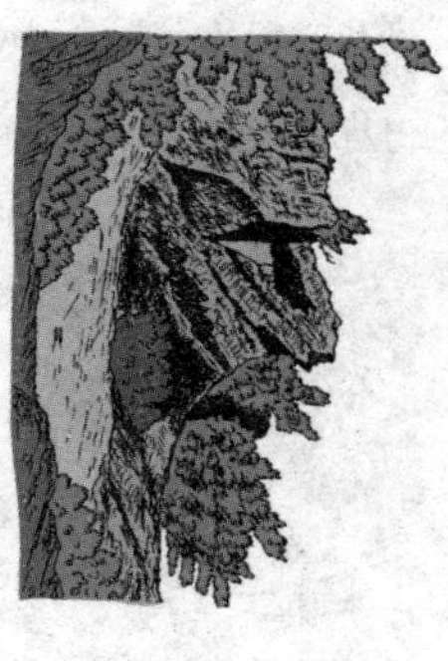

16. 大胖

看见了吧，他会变得像这个模样。

17. 风景中的影子

把图倒过来你就会找到这名间谍。

18. 精美的酒杯

你看阴影部分就明白了！

19. 消失的朋友

把图沿逆时针方向旋转90°，你就会找到佳佳的那位朋友。

20. 波尔的马

把图颠倒过来，你就找到波尔了。

21. 迷失方向的姑娘

把图倒过来，你就会看见他们了。

22. 滑稽兔

把图沿逆时针方向转90°，就会看见一只鸭子。

23. 威武的骑士

把图倒过来，你就会发现骑士要寻找的对手了。

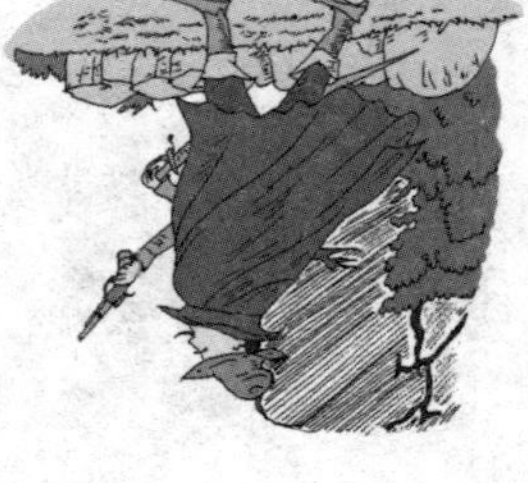

24. 难过的老人

把图倒过来，这人立即就笑了。

25. 圆心在什么地方

可以用圆规测一下，没有在线上的那点是圆心。尽管看起来另一个点更像，但这是我们的眼睛产生的一种错觉。

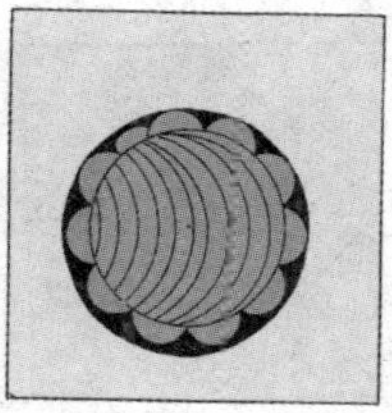

26. 你能看到什么图形

除了箭头外，还藏有一个“]–[”图形。

27. 字母知多少

6个字母：M、W、H、E、G、O。你肯定没有注意到环绕图形的O吧。

28. 比大小

两把勺子是一样大的。

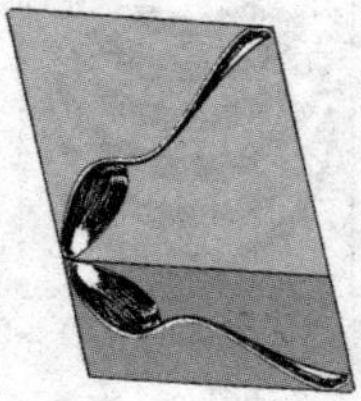

29. 圆圈里有什么图案

是4个正方形。

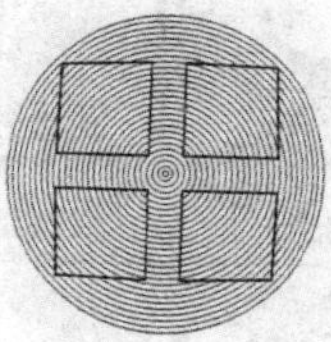

30. 哪个帽子更大

一样大。

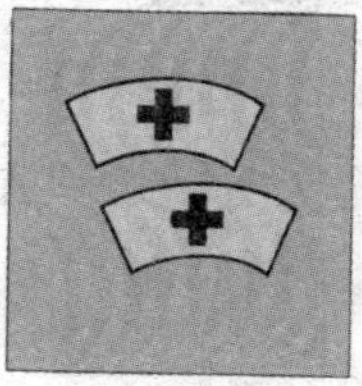

31. 黑白条纹

将眼睛眯成一条缝去看图吧，这里面是不是藏着一个字母“B”？

32. 斑马球

是的。条纹使小圆点看起来离底部

比较近，但其实它在中间。

33. 是长还是短

三条线段一样长。

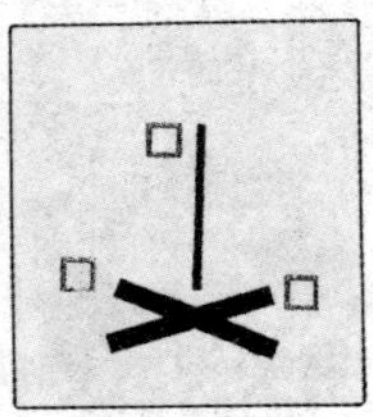

34. 蜘蛛与蝴蝶

蜘蛛和蝴蝶离直线的距离是一样的。

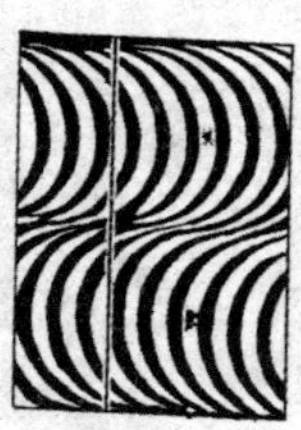

35. 哪条线长

是一样长的。

36. 盒子

两只盒子一样大。

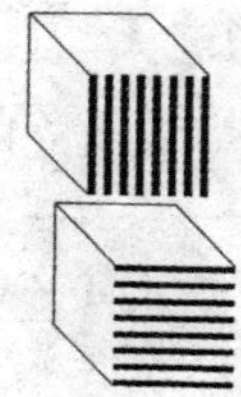

37. 图中图

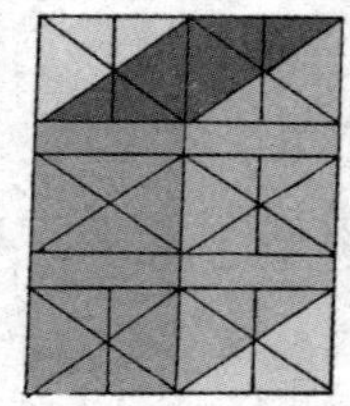

38. 有相似的图吗

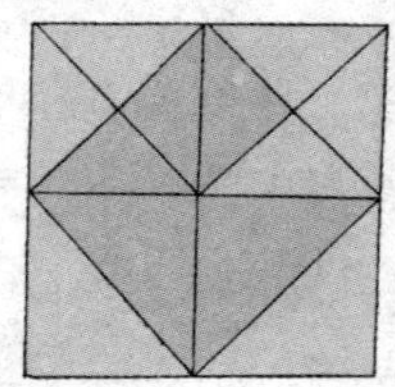

39. 图中字

看清楚了吧，图案中藏有一个字母“T”。

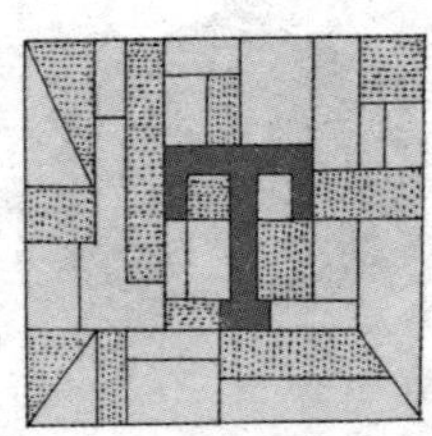

40. 有相似图形吗

41. 找相似1

42. 找相似2

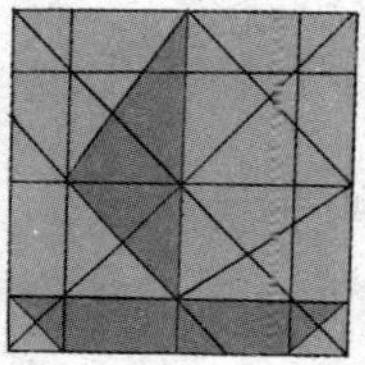

43. 找相似3

44. 找相似4

45. 找相似5

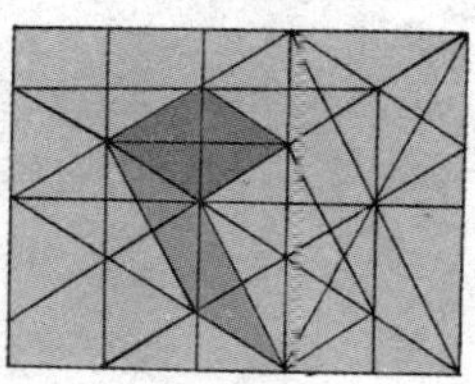

46. 找相似6

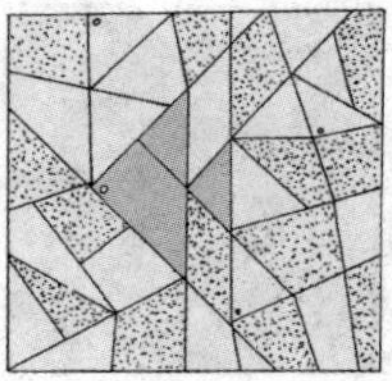

47. 找相似7

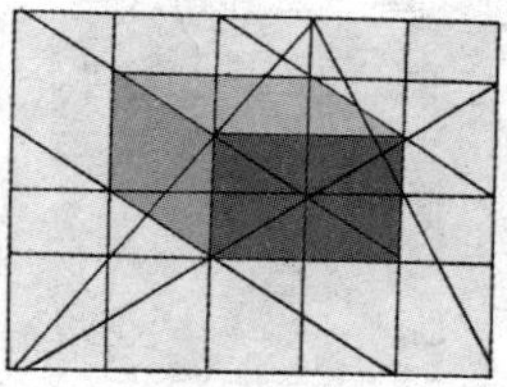

48. 找相似8

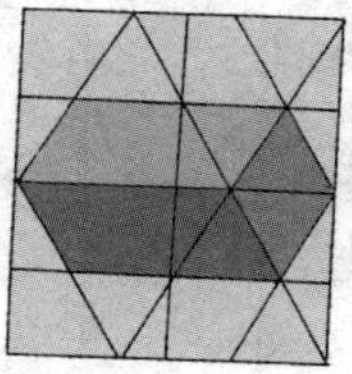

49. 找相似9

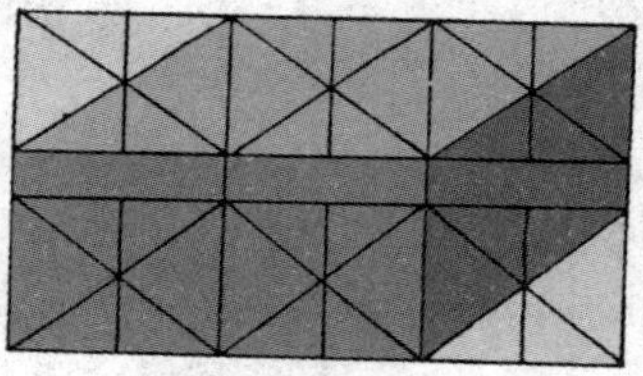

50. 找相似10

看见了吧！花瓶就藏在那儿！

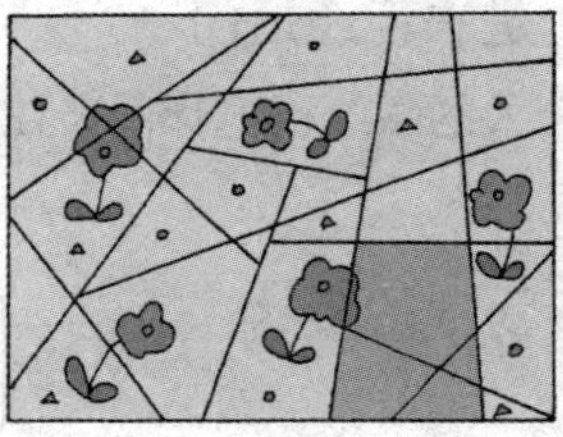

51. 找相似11

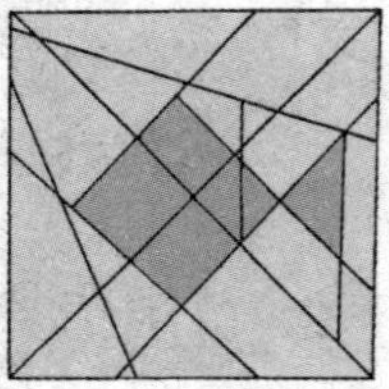

52. 找相似12

53. 大鱼与小鱼

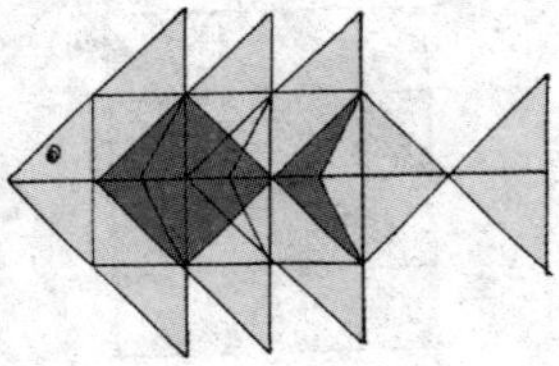

54. 想象一下

我知道了，这是从底部看的白炽灯！

55. 是衣柜还是门

一个人的领结被电梯门夹住了。

56. 汉字的形状

两个“木”，当然是“林”字了。

57. 看图说话

门里面有个“太阳”，那当然是“间”字了。

58. 齿轮

这是被横着切断的玉米！

59. 这是什么

从底部看的铅笔。

60. 树的形状

两个木下有火，当然是“焚”字了。

61. 脚踩七彩云

一个人坐在云上，当然是“会”字了。

62. 稳当

图B最符合“稳当”的词意。

63. 外星飞船

1.二氧化碳

2.蚊子、苍蝇

3.海水

4.录音机

5.小说

6.画册

……

64. 表里如一

图 3 最符合“表里如一”的词意。

65. 射箭靶

蚊香、旋涡……

66. 树

木的中间有一个洞，那当然是“束”字了。

67. 一头大象

左边一个“木”，右边一个“象”，当然是“橡”字了。

68. 这是什么

是从上往下看的台灯。

69. 铅笔

1.做成小木筏

2.绕线

3.当直尺

4.搅和东西

……

70. 匀称

图A最符合“匀称”的词意。

71. 图形画

这是一个无盖有把的茶杯。

72. 大人和孩子

一个女人牵着她的孩子，当然是“好”字了。

73. 三个人

三个人，当然是“众”字了。

74. 玻璃

1.任何脏物都沾不上去。

2.不易碎

……

75. 家里都用的

这是个电话听筒。

76. 和谐

图3最符合“和谐”的词意。

77. 碗

从底部看的碗。

78. 月亮和太阳

一个“日”，一个“月”，当然是“明”字了。

79. 小狗和西瓜

一个“狗”，一个“瓜”，当然是“狐”字了。

80. 回形针

1.把文件或纸别在一起

2.做发夹

3.做鱼钩

4.代替西装领带夹

5.装饰服装

……

81. 门

从侧面看带有拉手的门。

82. 痛苦

图2最符合“痛苦”的词意。

83. 易拉罐

1.做花瓶

2.烟灰缸

3.笔筒

4.洗笔的水罐

5.工艺花盆

……

84. 凌乱

图C最符合“凌乱”的词意。

85. 隐藏的小猪

这是一头猪从弥漫的雾中冒出鼻子来。

86. 家月图形

这是一只从上往下看所看到的茶壶。

87. 3种图形

1.积木

2.底朝上的方斗

3.方盘

4.画框

5.陷阱

……

88. 统一

应该是图B，它们相互连在一起。

89. 图钉

1.在铅笔杆上钉一枚图钉，防止铅笔滚动

2.做工艺画

3.可做陀螺玩

……

90. 常用物品

从侧面看的一只手表。

91. 书包

书包可以增加以下功能：

1.能随意收缩

2.带有警报器

3.附有遮阳伞

4.能防火防水

5.可充气当救生衣

……

92. 鱼和羊

一条"鱼"，一只"羊"，当然是"鲜"字了。

93. 星月

一个"月亮"一颗"星星"，当然就是"腥"字了！

94. 日常用具

从底部看的镂花铁壳热水瓶。

95. 自行车

1.设计一个雨天用的圆形罩子。

2.车胎注入胶合剂，一旦爆胎，会自动愈合。

3.踏脚板装上一个打气筒，用脚踩即可打气。

96. 针

从上往下看的菜刀。

97. 生活用品1

从上往下看的水龙头。

98. 生活用品2

这是从上往下看的铝锅。

99. 奇怪的图案

这是从上往下看，一个戴着帽子正在抽烟的人。

100. 铁环与钥匙1

扩大铁环上的绳结，穿过铁环右孔，套过钥匙，退回即可。

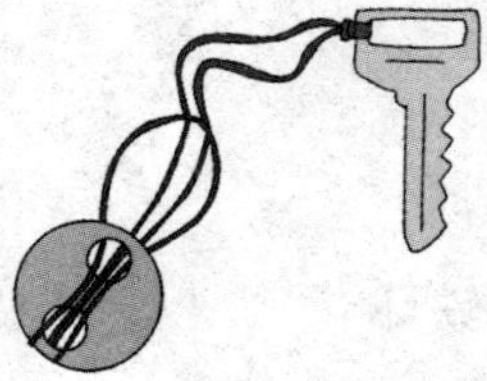

101. 水壶与铁环

将铁环上的绳结扩大，反套过铁环本身，退回即可。

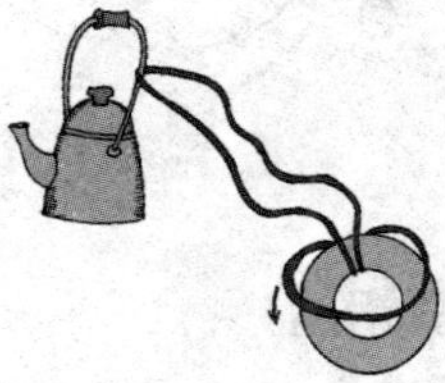

102. 栅栏

1.把系在栅栏上的绳活套拉开扩大。

2.整个铁环从扩大了的绳结套过即可。

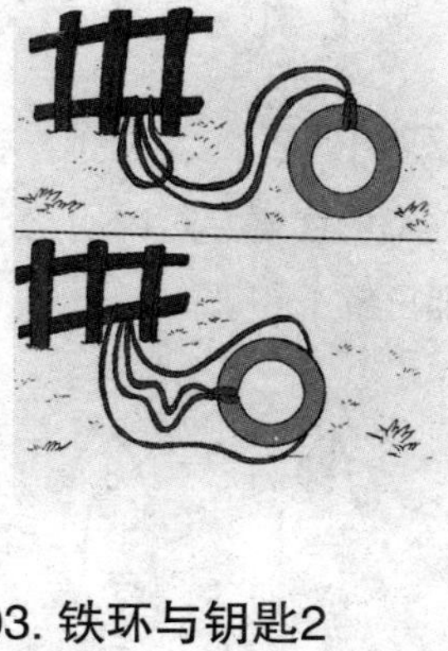

103. 铁环与钥匙2

用钥匙上的绳索穿过铁环右边的小

孔，套过铁球，退回即可。

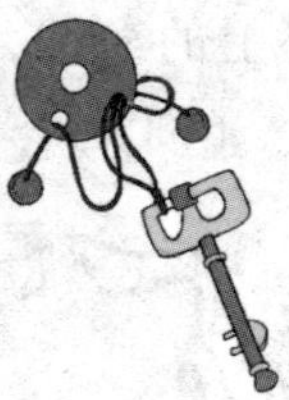

104. 铁环

把中间的结穿过对方铁环上的任一小孔，套过铁球退回，就可解开。

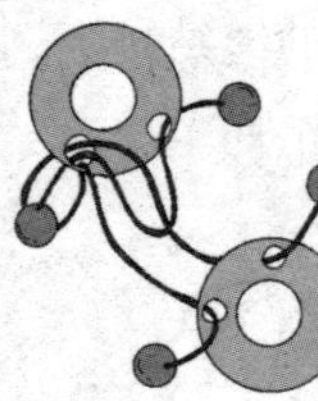

105. 取钥匙1

用钥匙上的绳索穿过大铁环中心的孔，将绳索套过小铁球退回就可以啦！

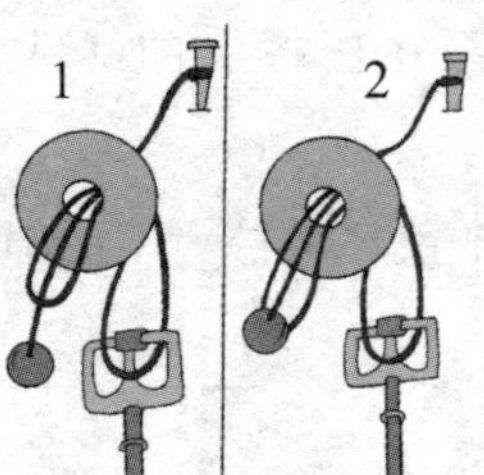

106. 取钥匙2

用钥匙上的绳索穿过P孔，套过小铁球，退回即可解下钥匙。

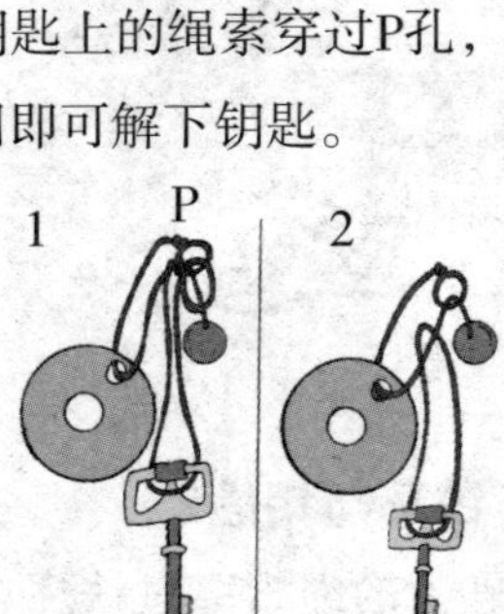

107. 相连的铁环

把P环上的绳索穿过A孔，套过铁球，退回即可。

108. 水桶与钥匙

扩大钥匙上的绳结，穿过钥匙右孔，套过水桶，退回即可取下钥匙。

109. 分开铁球与钥匙

把钥匙上的绳结扩大，穿过木框上的两个洞，套过铁球，退回即可。

110. 取钥匙3

将铁环上的绳索穿过钥匙右孔，套过铁球，退回即可。

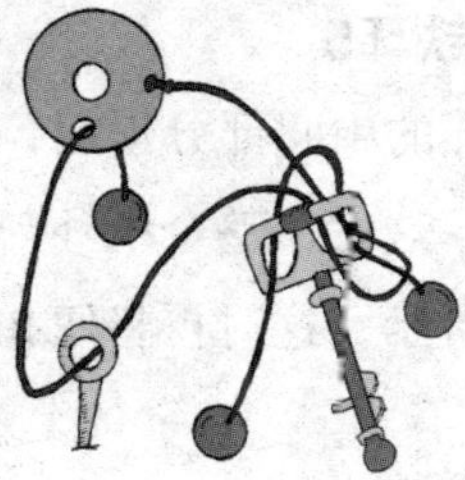

111. 分开铁环与钥匙

用铁环上的绳索穿过P孔，套过铁球，退回即可。

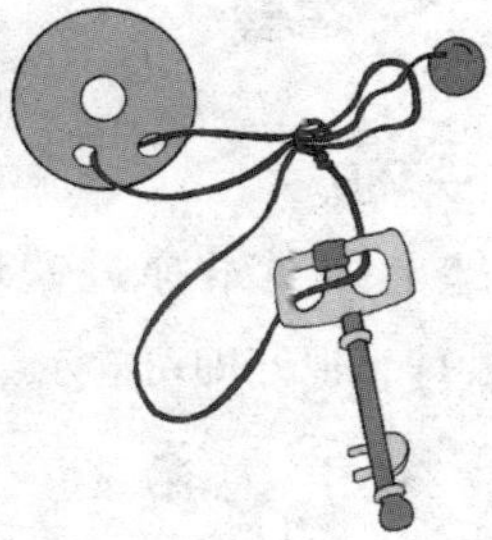

112. 两个铁环

首先将A环上的绳结穿过B环上的左侧小孔，套过小铁球从套中返回，然后再穿过B环上的右侧小孔，套过小铁球，退回即可。

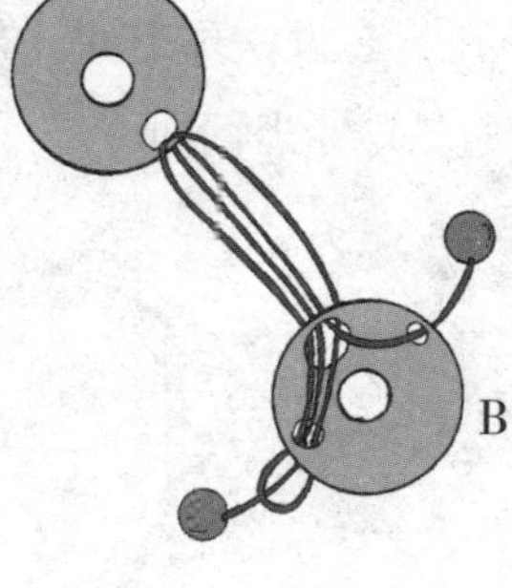

113. 一条绳

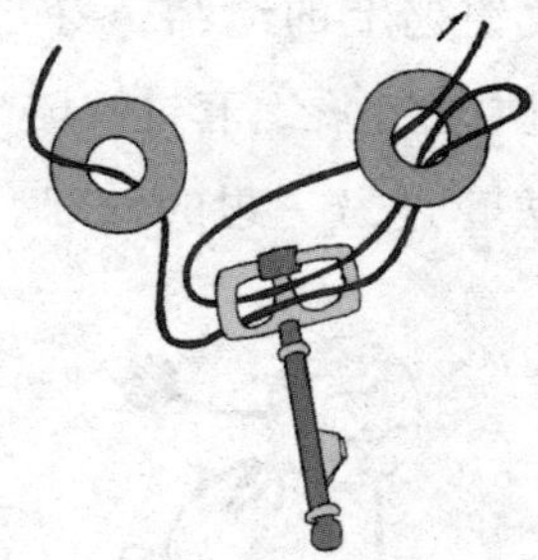

114. 长方形框

先把A纸框对折，把B纸框穿到A纸框边上，向右移到端点，就可把钥匙和铁环取出来。

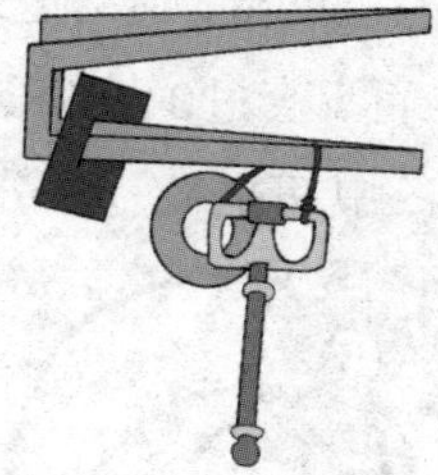

115. 铁环1

扩大P环上的活套，穿过B环的中孔、A环的中孔，再穿过B环左边的小孔，套过小环，然后退回，再用同样的方法解开右边一侧的小环，这样A环与B环就可以分开了。

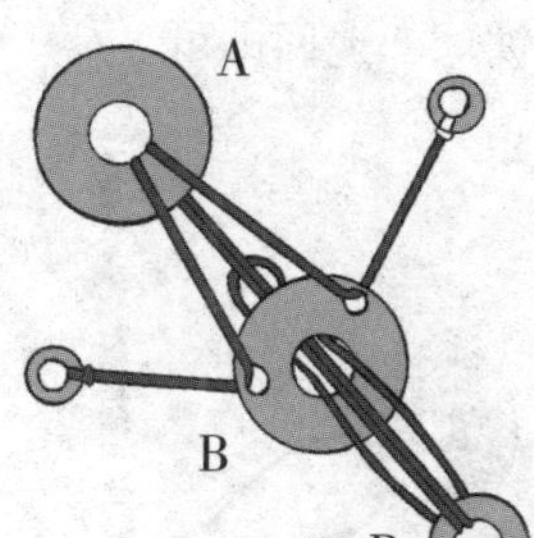

116. 铁环2

扩大钥匙上的绳结，穿过铁环大孔，穿过右边小孔，套过铁球，退回。再用此法套过另一边的铁球，退回即可。

117. 铁环3

将A环左边小孔的活结扩大，穿过右边的小孔，再反套过B、C环，然后退回右、左两孔，就可把A、B环分开。

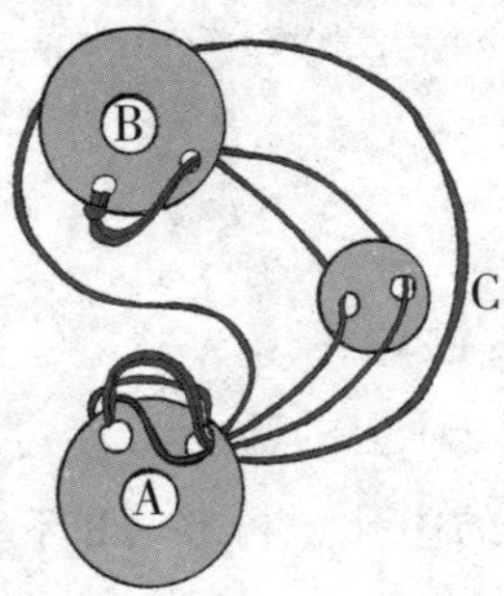

118. 铁环4

将铁环的绳套穿过路标牌柱上的小孔，套过铁球，退回即可。

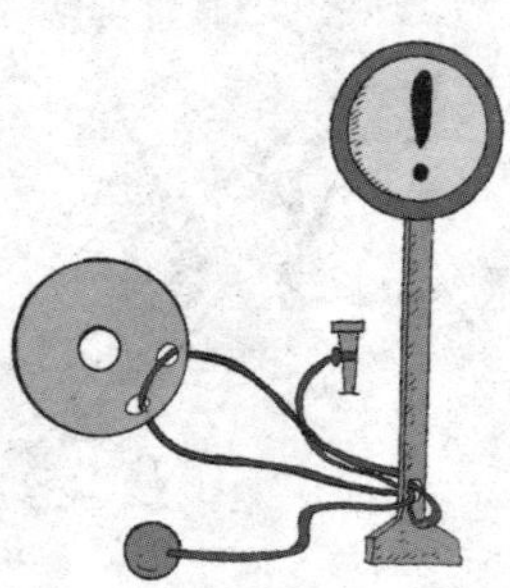

119. 铁环5

将纸环的中间部分提起，穿过纸环上的圆孔。这时，整个纸环与纽扣的关系如左图所示，这时再将纽扣从纸孔中拉出即可。

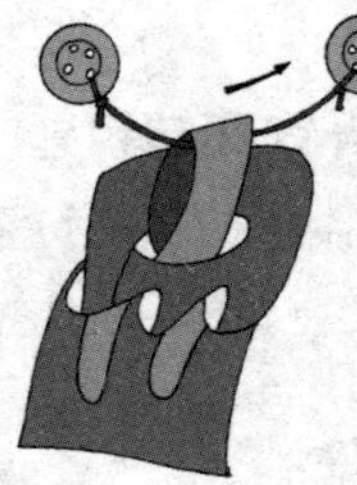

120. 铁环6

用钥匙上的绳索穿过铁环右侧小孔，套过铁球，退回即可。

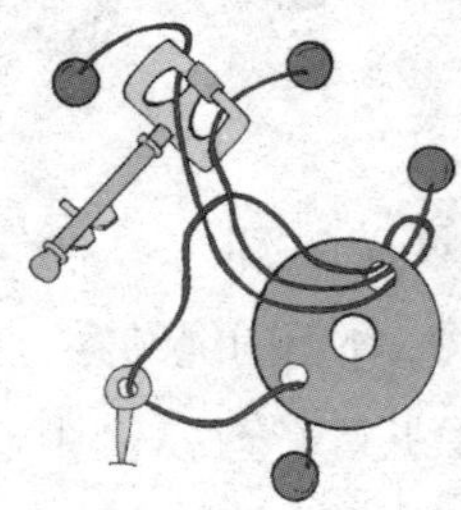

121. 铁环7

把小推车A处的绳结穿过小车上方的其中一个孔，套过铁球退回，再穿过另一孔，套过铁球，退回即可。

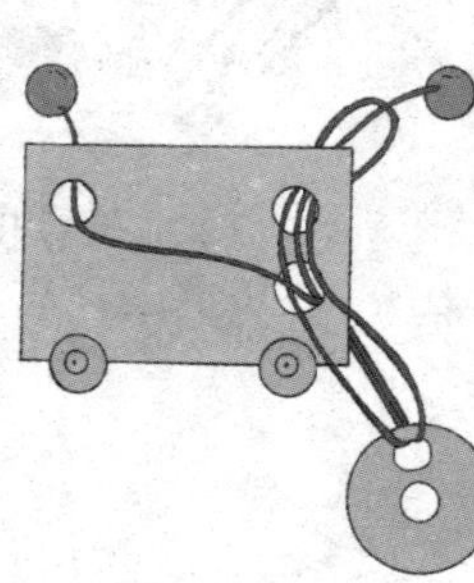

122. 铁环8

将中间的绳结穿过左上方的小环与大铁环上的孔，套过铁球，退回即可。

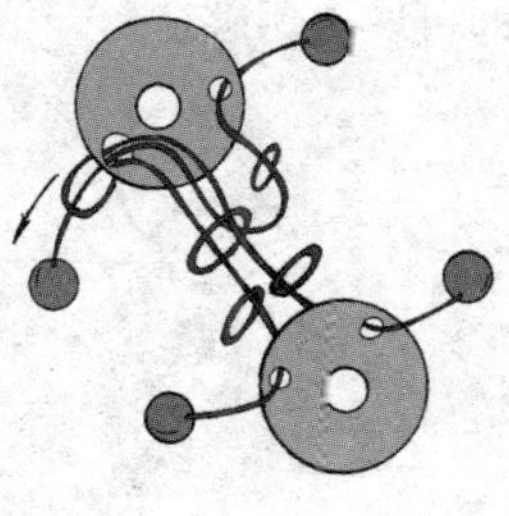

123. 铁环9

把铁环上的绳结扩大，穿过右框孔，套过小铁球退回，再穿过左框孔，套过小铁球，退回即可。

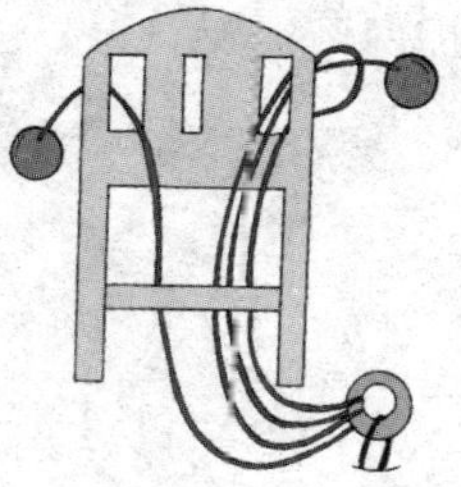

124. 铁环10

将铁丝的一头顺着绳子退回钥匙孔，绕一圈后，钥匙便能取出，不信你试试。

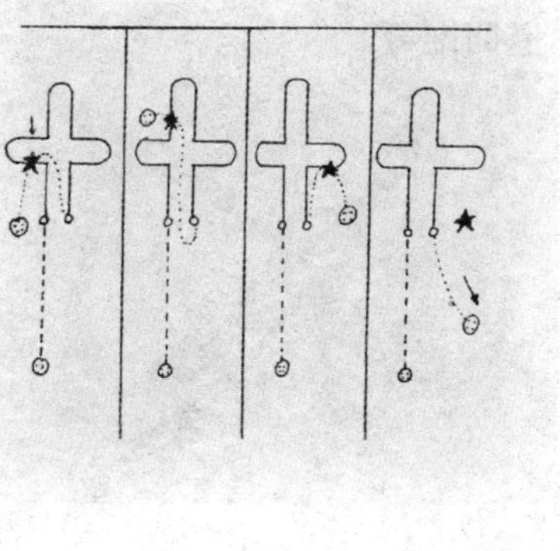

125. 铁环11

把一个铁环的绳结扩大穿过该环的另一个孔，并使纽扣及另一个铁环从中穿过，两个铁环就分开了。

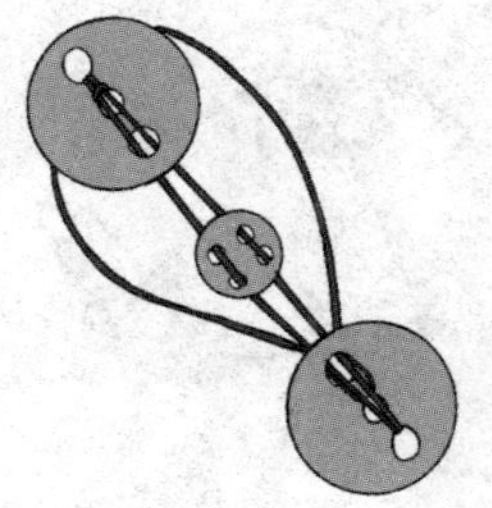

126. 提包

扩大提包的绳结，穿过P孔，再穿过A孔，套过铁球退回，再穿过B孔，套过铁球，退回即可。

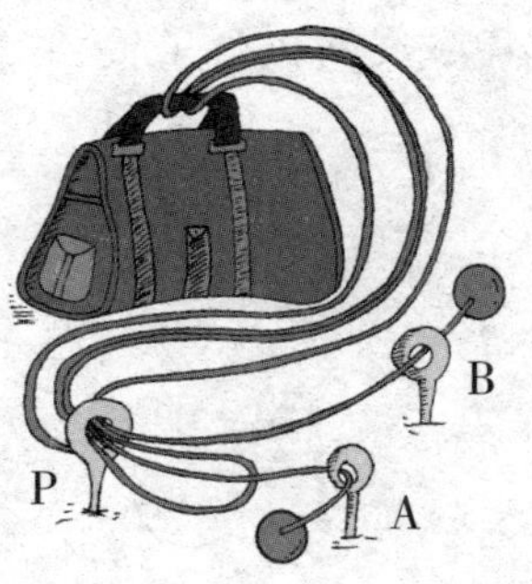

127. 铁锭

把P铁锭左环上的绳结拉开穿过右环，套过铁环A和铁锭B，退回即可。

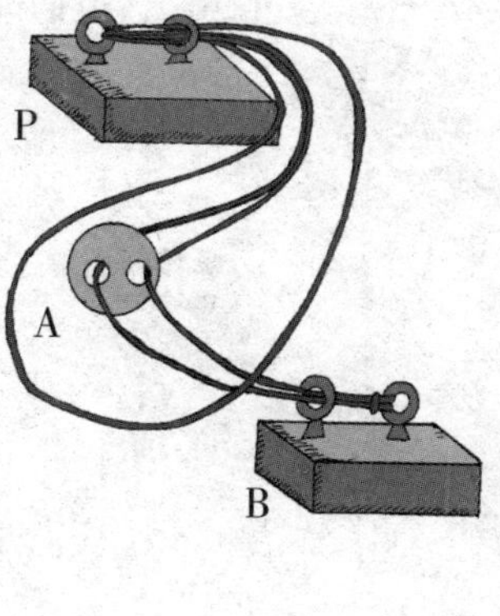

128. 钥匙与铁环

将钥匙上的绳拉过A环上的孔，再穿过铁环右边的小孔，套过铁球，退回即可。

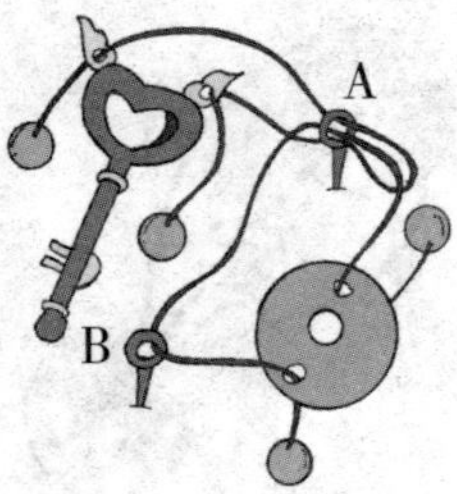

129. 铁环12

扩大头像上小环的绳结，穿过1环中孔、2环中孔，再穿过1环边孔，套过小环，退回；同样的办法解开另一侧的小环，两个铁环就可以分开了。

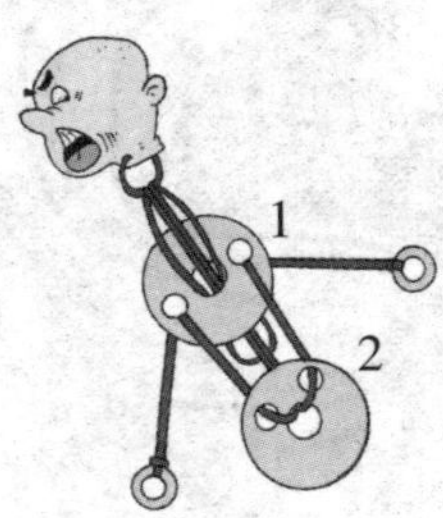

130. 铁环与灯柱

扩大地上固定铁环的绳结，穿过A孔，再穿过P孔，套过铁球退回，再穿过灯柱上的小环，套过铁球，退回即可。

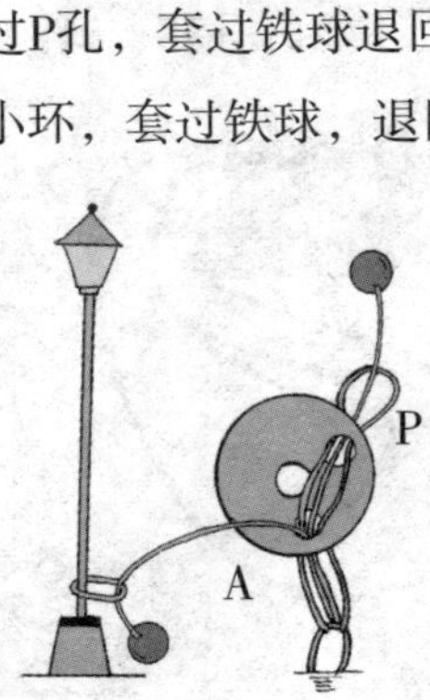

131. 钥匙

将钥匙的绳套向左移动，从A孔中穿出。然后再使绳套越过上面的圆环，拉回绳套，即可取出钥匙。

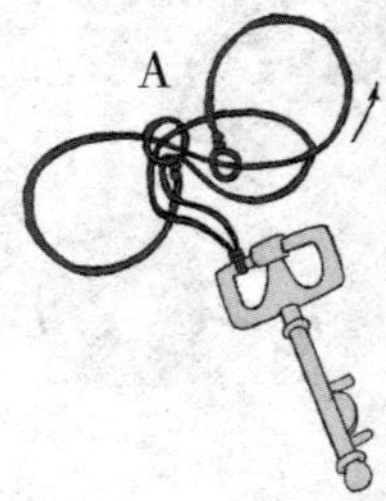

132. 导弹

把机翼上的绳结扩大，穿过机翼下方的另一孔，并使纽扣及导弹从中穿过，飞机和导弹就分开了。

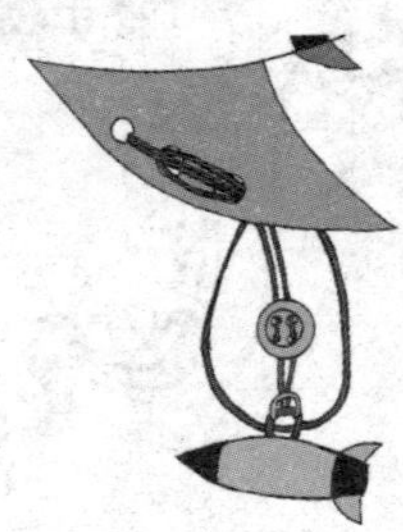

133. 兔头与铁环

先扩大兔头耳朵上的绳结，穿过2环中孔，再穿过1环的左孔，套过绳端小环退回，再穿过右孔，套过另一绳端小环，退回即可。

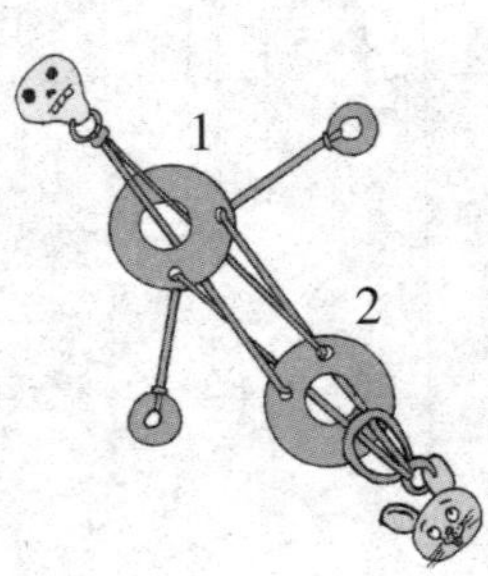

134. 三个铁环

先用1号铁环的绳索穿过2号铁环上的A孔，套过小铁球，退回。这样可解下1号铁环。再用同样的方法把2号铁环与3号铁环分开。

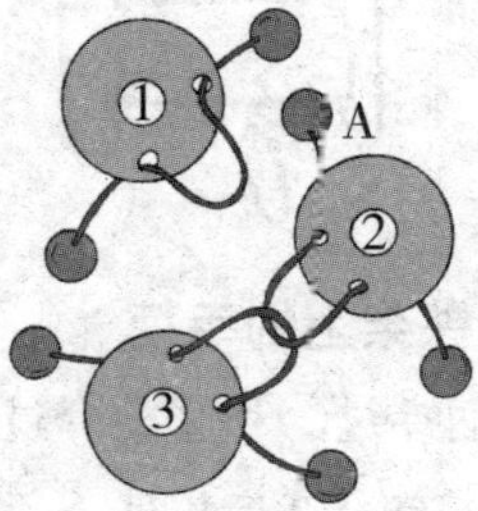

135. 相连的铁环

只需把上面的绳结扩大，套过铁环就行了。

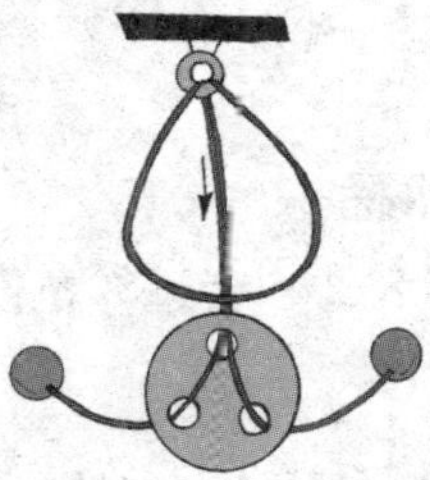

136. 巧取钥匙

把钥匙上的绳结扩大，然后反套过钥匙，退回绳索即可解开。

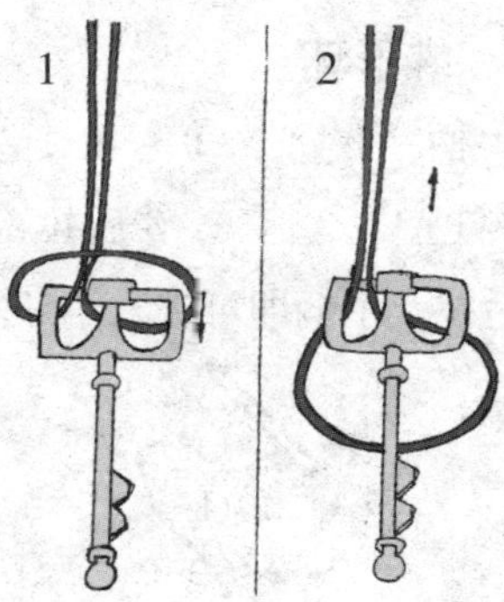

137. 头像下的铁环

这很简单，只需把头像中的小环上的活套扩大，反套过头像，将绳索拉出即可。

138. 四个铁环

解法同144页，先解开2号、再解开1号，最后解开3、4号。

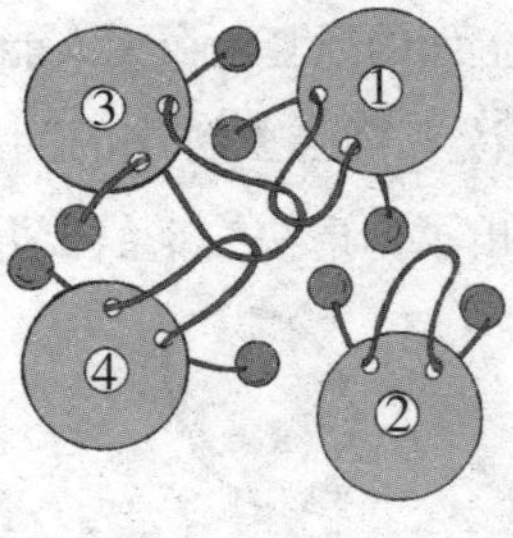

139. 两个头像

先用大铁环绳索穿过P孔，套过小铁环退回，取下大铁环。再用头像2的绳索穿过头像1的小环，穿过P孔，套过小铁环退回，即可取下头像2，这样，它们彼此就分开了。

140. 铁环与马蹄

用马蹄铁套过钥匙即可取下钥匙。

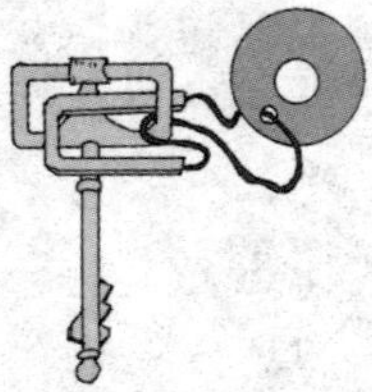

141. 三个铁环

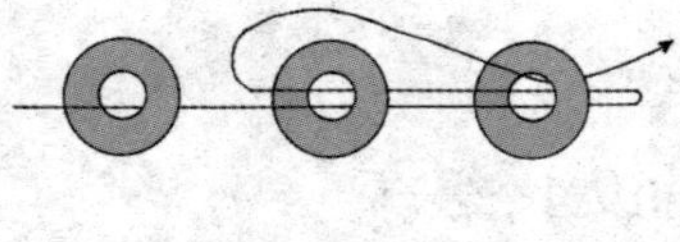

142. “8”字形环

这个“8”字形环看上去十分简单，但要取出上面的绳套至今无人能办到，这是留给小读者自己去解决的问题。如果你真的解出了，请快快来信告诉我们。

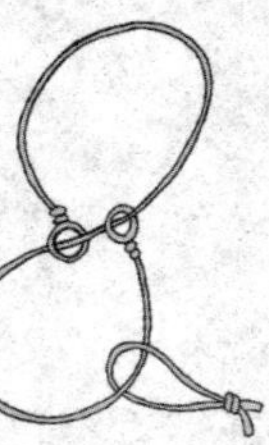

143. 塑料软管

先将塑料软管弯曲，使软管的两端对接，调整成圆形，晃动软管，让4个绿球滚进另一端，然后把两端分开，便可取出黑球。

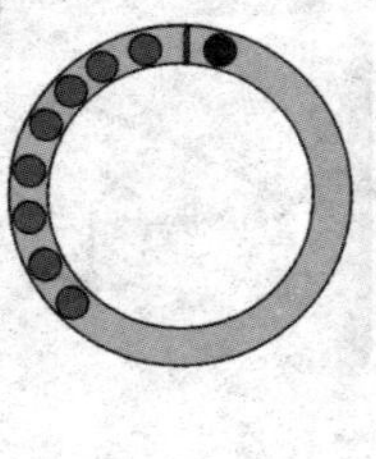

144. 铁丝框架

把圆环向右移，把①移到②下缘的一侧上，再将①向上翻，圆环向左移，即可取出。

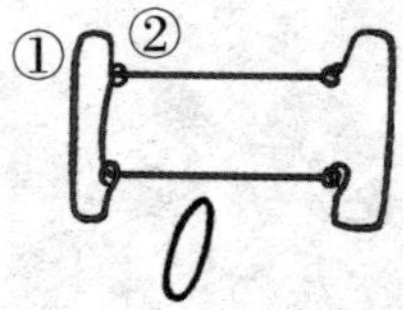

145. 铁架上的手柄

将手柄穿过①和②，套过③拉回，再穿过①，套过③后拉回，手柄即可取出。

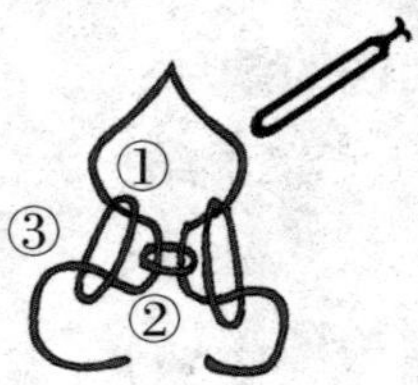

146. 水桶

将①穿入②，套过③拉回，即可将水桶取下。

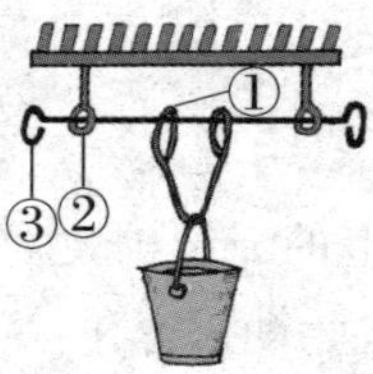

147. 蝶形环

将手柄穿入①、②，套过③后拉，套入①穿进①、②套入③后拉，穿入②套入③后拉，手柄即可进入小环。

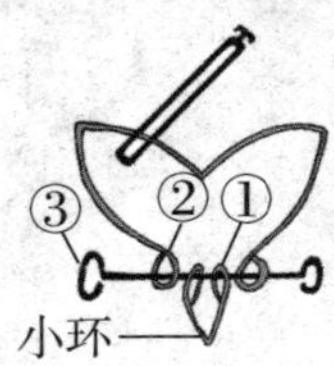

148. 取下小环

将小环沿②上移，再将①沿②一侧上移，折向对面，即可取出小环。

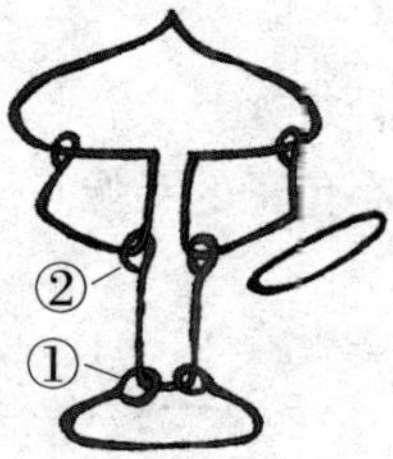

149. 填动物

应该填下面所示的图形。

150. 日月星

应填上星星图形。

151. 什么图形

应填入长方形。

152. 摆物品

应摆上碗。

153. 小鱼儿

应放入椭圆形鱼。

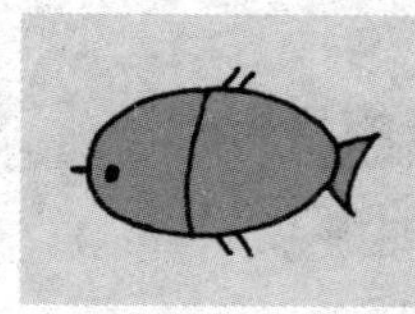

154. 数字

应填上数字6。

155. 选物品

应选剪子。

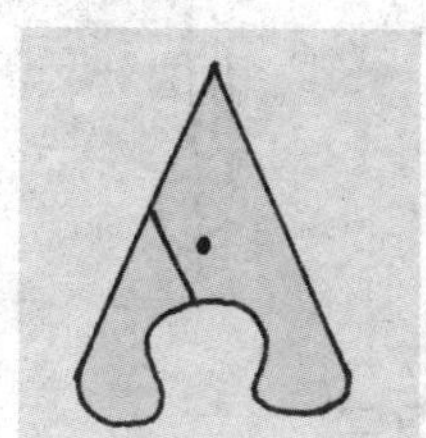

156. 选字母

第四行字母排列应为D、D、D、D、E。

A	B	C	D	E
B	B	C	D	E
C	C	C	D	E
D	D	D	D	E
E	E	E	E	E

157. 提包问题

应放入六边形的提包。

158. 选帽子

第三行的帽子一样。

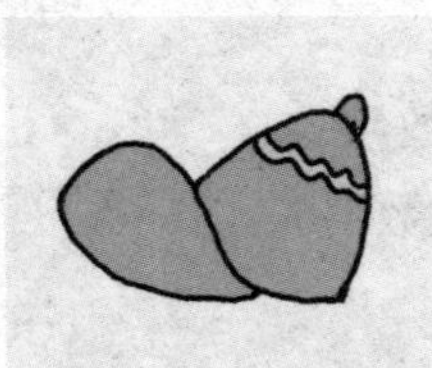

159. 摆物品

应摆入钥匙。

160. 数字

应填入数字3。

161. 填图形

应填入圆形。

162. 排动物

应填上小兔子的头像。

163. 放水果

应放入西红柿。

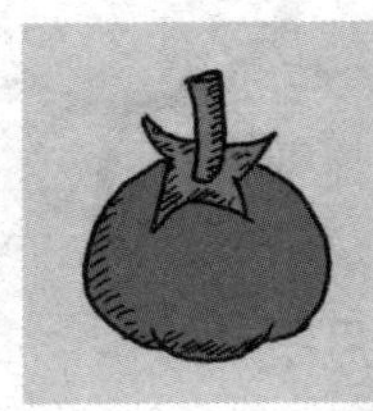

164. 小树

应放入下图中图形。

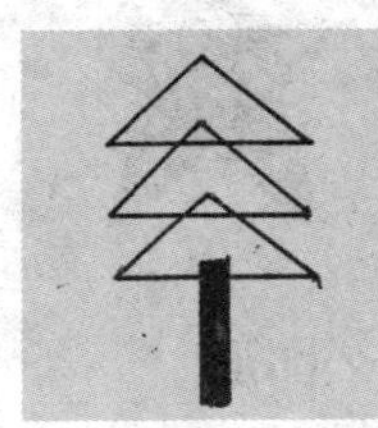

165. 帽子

帽子上应该有4个黑点。

166. 摆水果

应摆上香蕉。

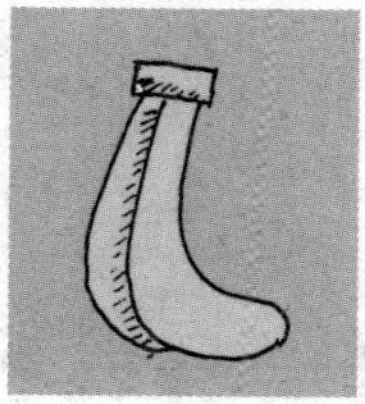

167. 填图形

应为三角形。

168. 脸谱

应为上图这种脸谱。

169. 圆的方向

圆的缺口方向应朝下。

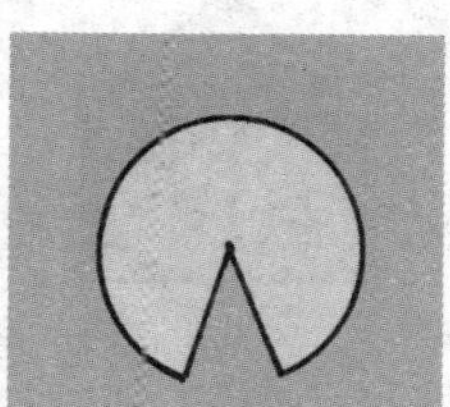

170. 正方形

应为这样的图形。

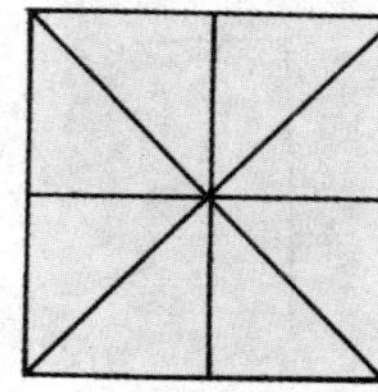

171. 箭头方向

箭头应朝右。

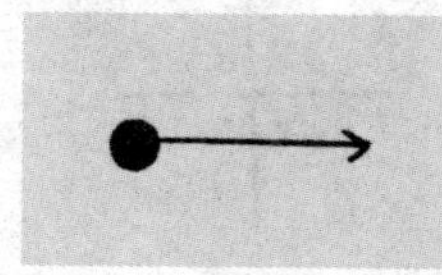

172. 星星、月亮、太阳

应为星星图形。

173. 圆的图案

应为一个全黑的圆形。

174. 角的方向

如下图所示。因为从图1到图2，图形是向上翻转；从图2到图3，图形是向右翻转；从图3到图4，又向下翻转；从图4到图5，是向左翻转。故推断出图5到图6应该是向上翻转。

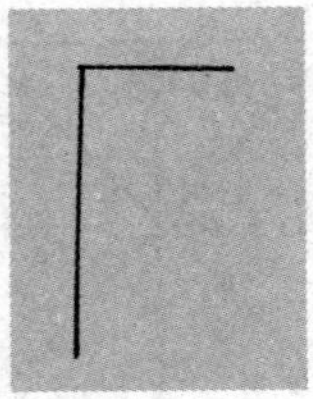

175. 小圆形

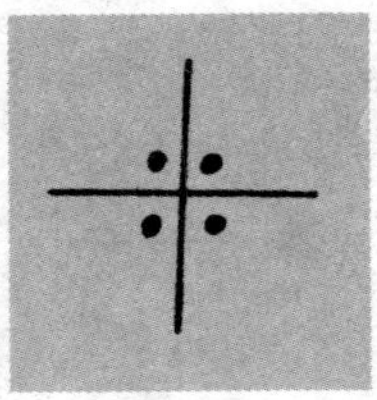

176. 填图形

问号处应该画长方形，因为前三个图形是逐个递加一条直线。

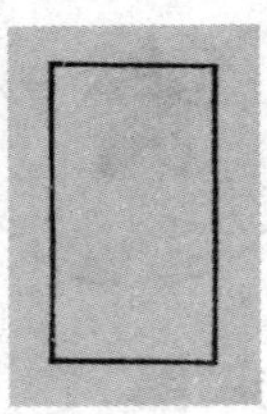

177. 正方形的变化

一个全黑的正方形。

178. 变图形

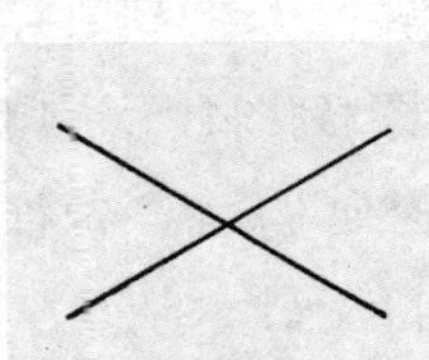

179. 三角形图

应是这样一个图案。

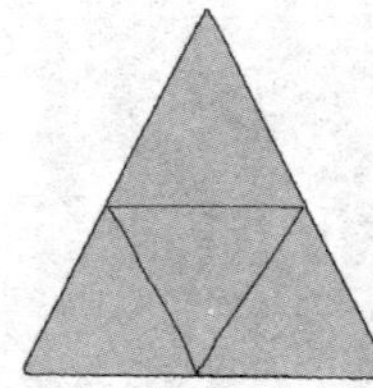

180. 小圆点

剩下一个圆点的图形。

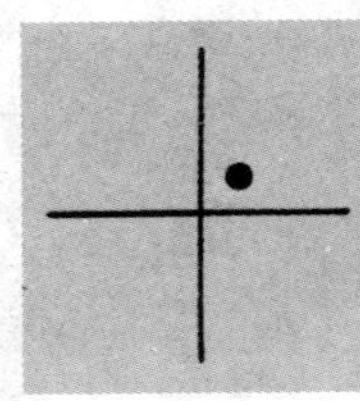

181. 正方形

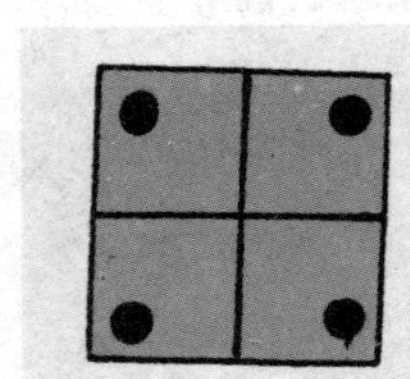

182. 线段与图形

应填入五边形。

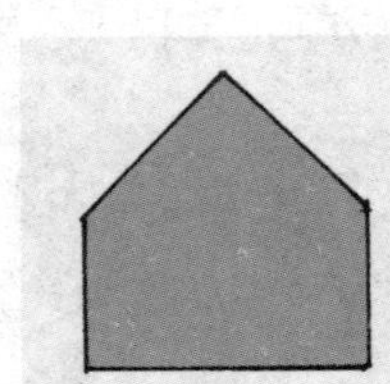

183. 小圆的位置

小圆的位置如图所示。

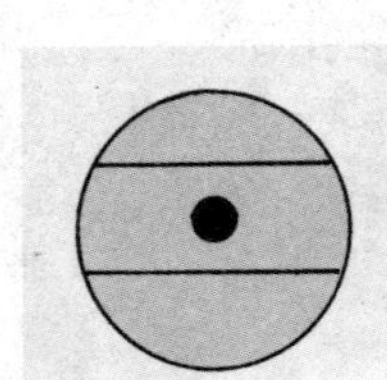

184. 想图形

应是一个三角形。

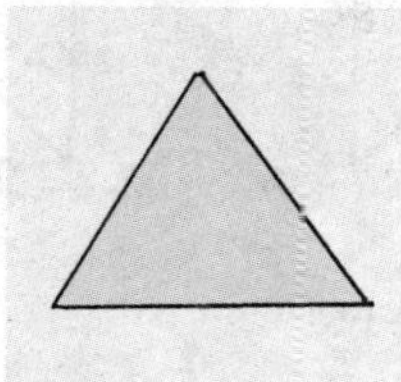

185. 钥匙的方向

钥匙的方向应向上，因为钥匙是按顺时针方向旋转的。

186. 选图案

应填入2号图案。因为每一个图形比前一个图形增加一画。

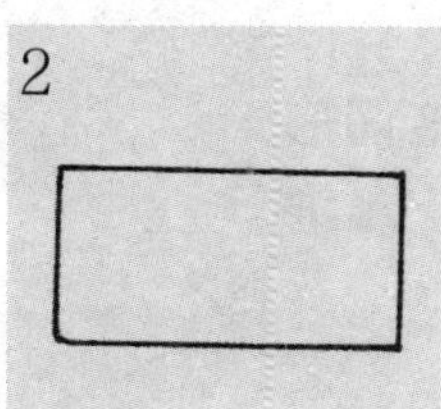

187. 涂色

如图所示。图中黑色三角形不变，弧形以顺时针方向依次变为黑色。

188. 填图形

只剩一条横线或一条竖线。

 或 

189. 奇妙的图形

应为一分为二的图形。（下图并非唯一画法。）

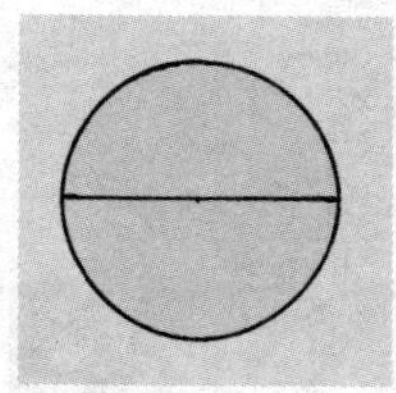

190. 排图形

应放入图形B。因为第一排图形中，每个图形都有3个小圆点。

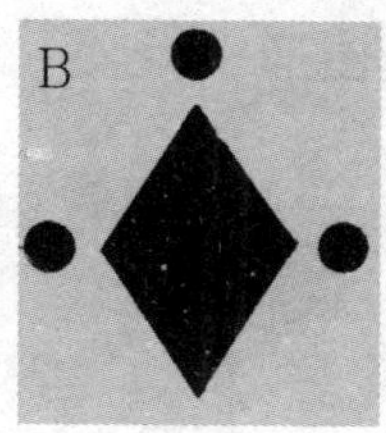

191. 山的方向

“山”字的开口应朝右，因为“山”字在沿顺时针方向旋转。

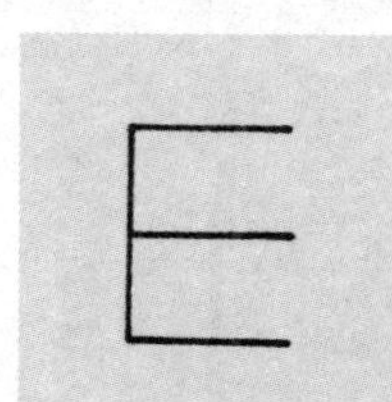

192. 填图形

因为从前三个图形的变化规律可看出后一个图形都是比前一个图形少一条直线，多一个黑点，所以，再减掉一条线答案就有可能出现下图中的两种情况。

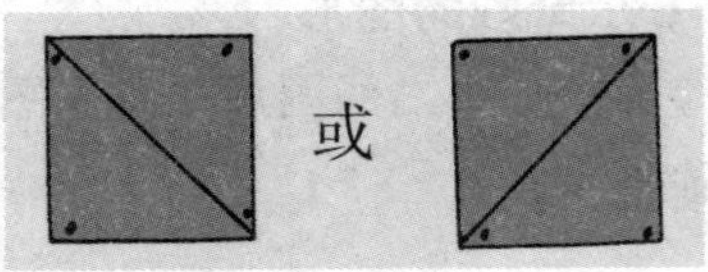

193. 涂色

应该这样涂色。

194. 填图形

195. 选字

应填入“千”字。因为上排每个字都是三画。

196. 变图形

197. 涂色

如图所示。

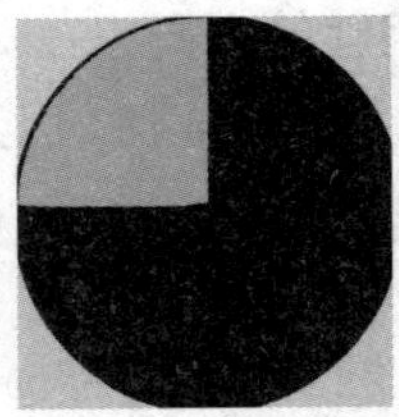

198. 花与叶

应选2号图形。因为第一行前三个图形都是树叶。

199. 变图形

应该是个圆形。

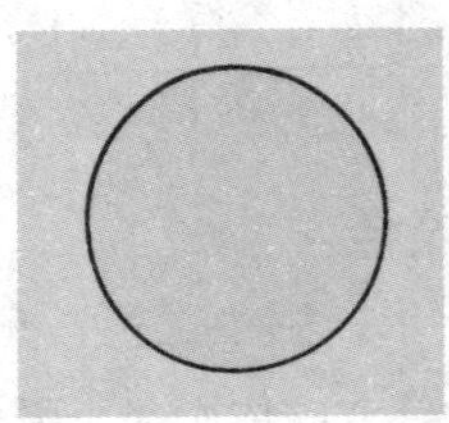

200. 选图形

应选入图形B。因为从第一个图形开始，以后每一个图形都增加一画。

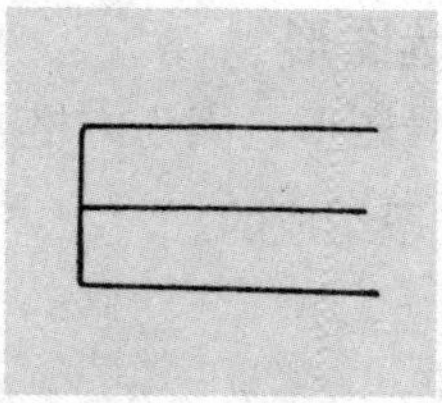

201. 选图形

应选入2号图形，医为以上图形都被分割成4份。

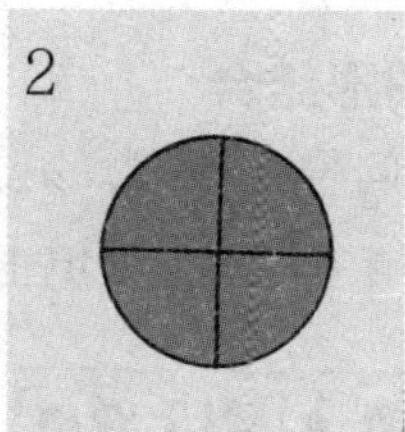

202. 拖拉机

203. 转动的图

应与第一个图案相同，因为图形在沿顺时针方向旋转。

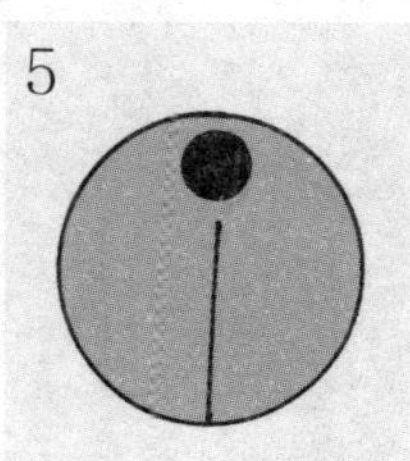

204. 变化的图

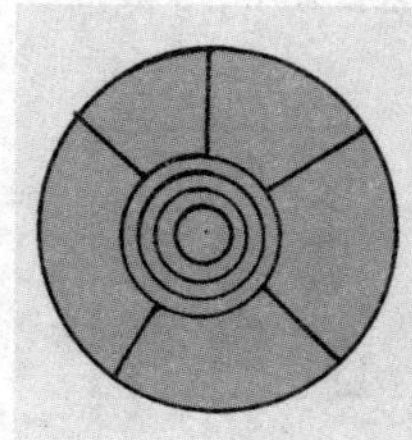

205. 填图案

图形变化的规律是每次上排小方形减少一个，下排圆形增加一个。所以问号处图形应如下图所示。

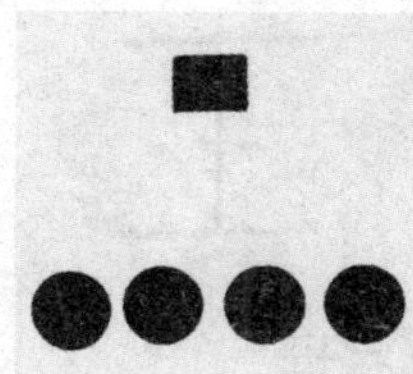

206. 选水果

应该选梨。因为第一排全是水果。

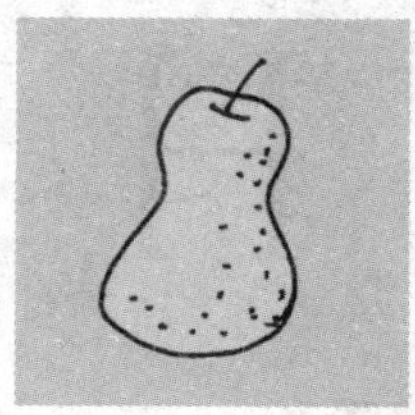

207. 选图形

应选择C。因为前五个图形都是由两条线段组成的。

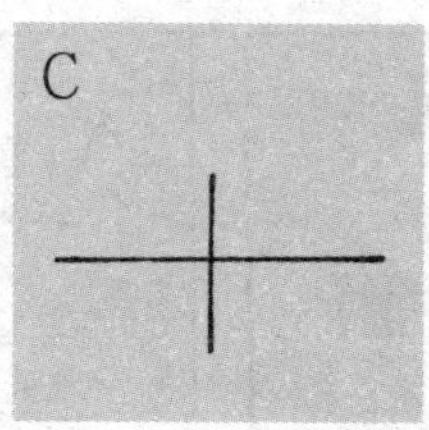

208. 填图案

应该是这样的图形。

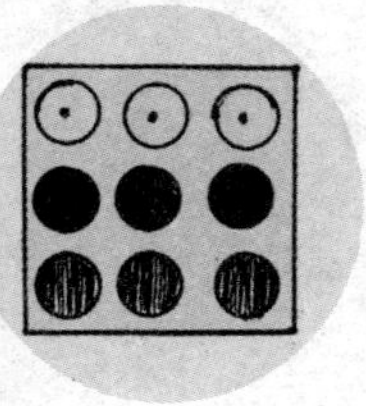

209. 选图形

应选图形A。因为前五个图形都是由三条线段组成的。

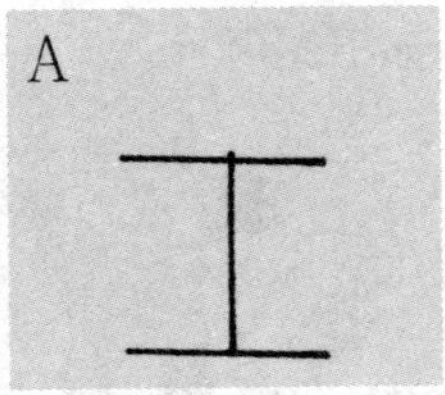

210. 选字母

应选3号图形。因为方格里的所有字母都是三画。

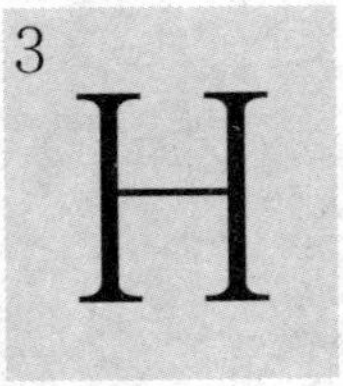

211. 填图形

在上排的图形中有一横，而下排图形内没有一横。所以上、下排所缺图形应如下图所示。

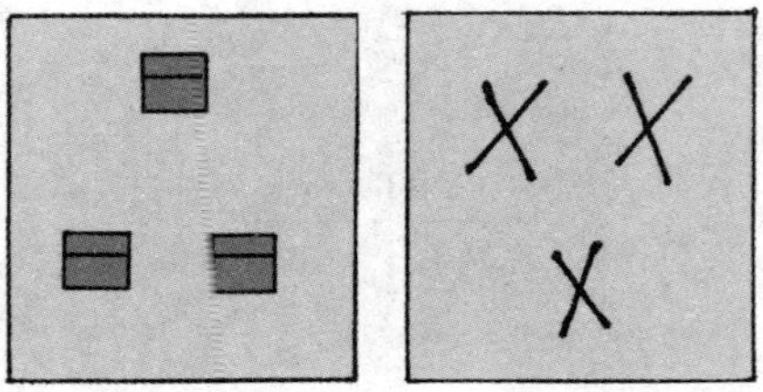

上排　　下排

212. 选图形

应选3号图形。因为方格中所有图形都是四条线段组成的。

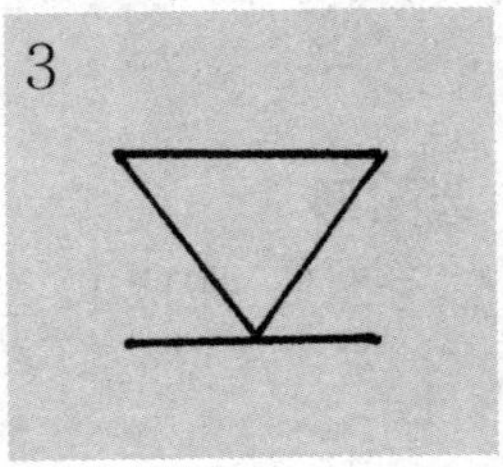

213. 图形组合

第一行问号处填圆，第二行问号处填三角形，第三行问号处填正方形。

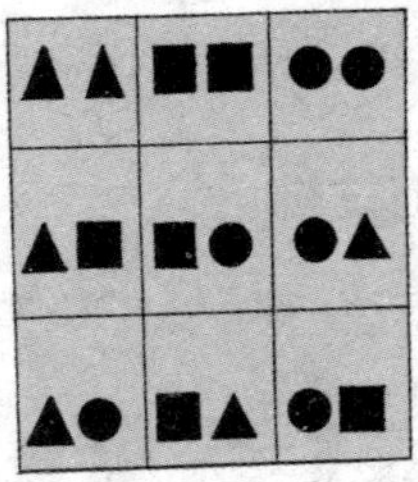

214. 变化的图形

问号格里可以是任何四边形。因为1、3、5图都是递增一条线，而2、4、6图都是递减一条线，因此第7图应是5图再增加一条线。

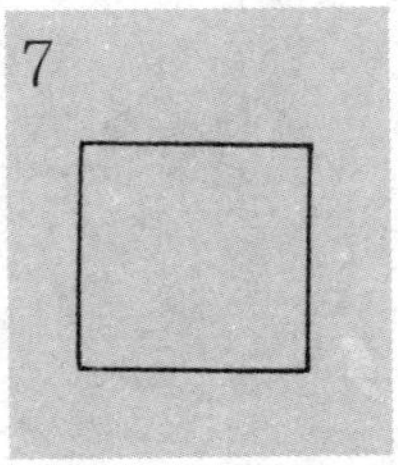

215. 推断图形

第5、第6个图形应如下页图所示。

因为从图形1开始，按逆时针方向每次转90°。

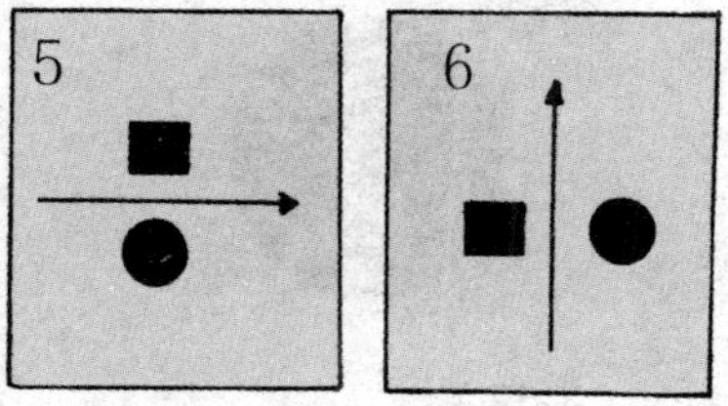

216. 填图形

应选C图。因为第二组的每个小图都比第一组少了一条横线。

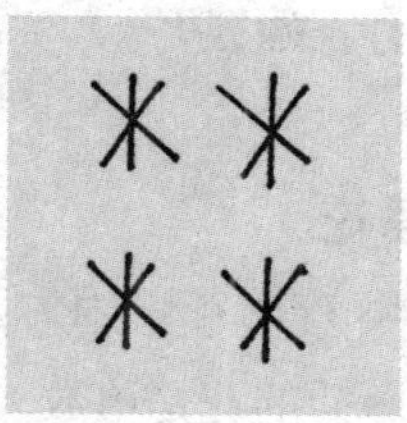

C

217. 填文字

应选“王”字。因为上排的文字都是四画。

王

218. 图形连接

问号处可以画任意四条线组成的图形。因为前六个图形按变化规律分为两组，1、3、5图形逐个递增一条线，而2、4、6图则逐个递减一条线。

如：

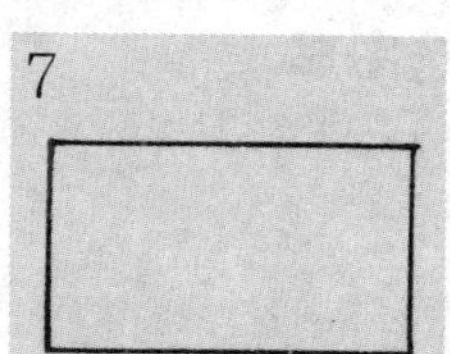

219. 选图形

应选择图形C。因为从第一个图形起，后面的图形依次增加两个小正方形。

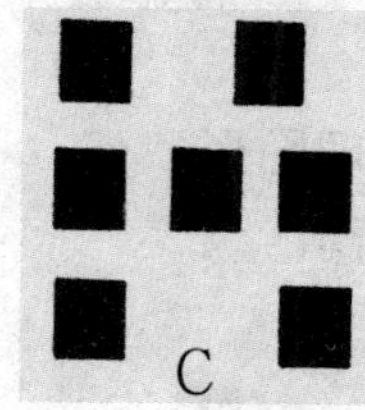

220. 涂色

如下图所示。从1起，上方黑色三角形逆时针翻转一次，下方黑色三角形按顺时针翻转六次。

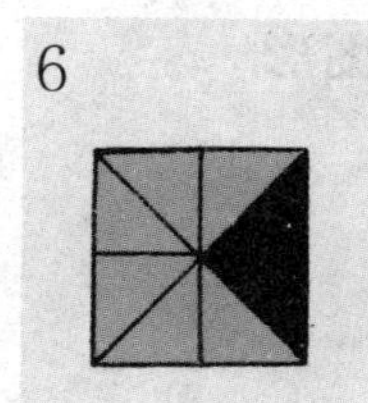

221. 填图形

第一行的问号处应是个圆形。因为第二行和第三行的最后一个图形，都只保留了第一个图形增加的部分。

222. 推图形

应为数字“9”和它的镜像这两个图形组成，因为图中分别是数字5、6、7、8和其相应的镜像图形组成的图形。

223. 推理图形

如下图所示。

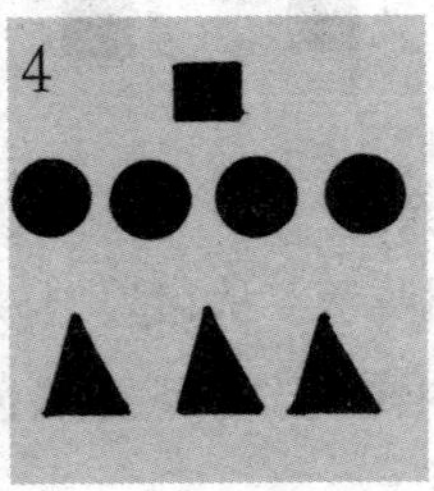

224. 填图形

如：

225. 选图形

应选1号图形。因为每一方块中的第一处小方格数量依次减少，第二方块引入一个新图形，随后依次增加一个，第三方块为引入一个新图形，如此类推。

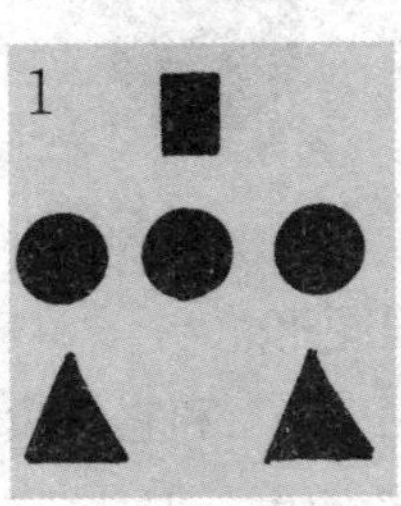

226. 变化的图形

应该是一个全黑的圆。

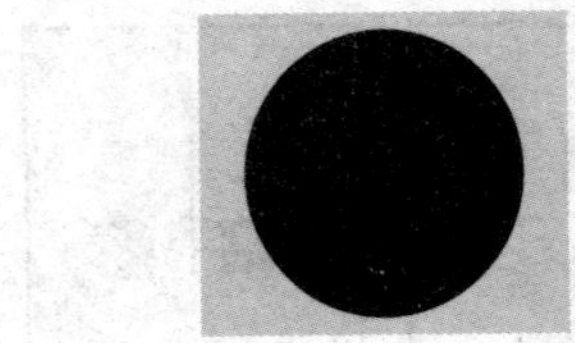

227. 选图形

从这一排图形的变化规律来看，是从左向右，每幅图中减少一个圆和一条直线。所以，问号格里应该是一条线，选项中并没有正确答案。

228. 插花

应该插双数的花。因为直瓶插的花是双数，曲瓶插的花是单数。

如：

229. 选图形

应是圆形。

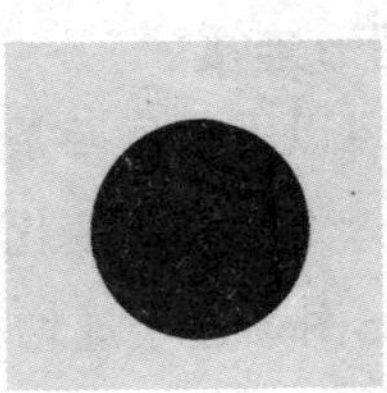

230. 选图形

应选择2号图形。

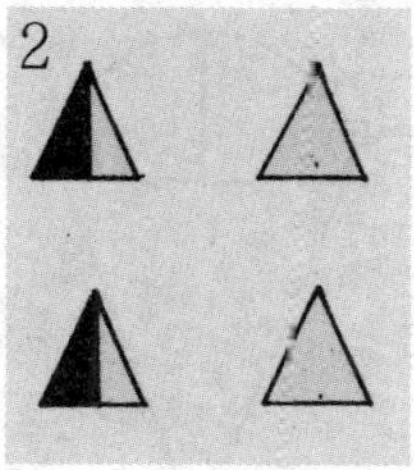

231. 选图形

选图形2。因为从第二排的第一个图开始，每一个图形在上排图形的基础上增加3条线。

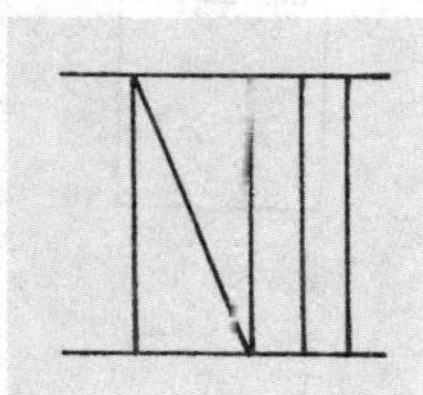

232. 时钟

应放入2号时钟。因为前面的所有时钟都是圆形的。

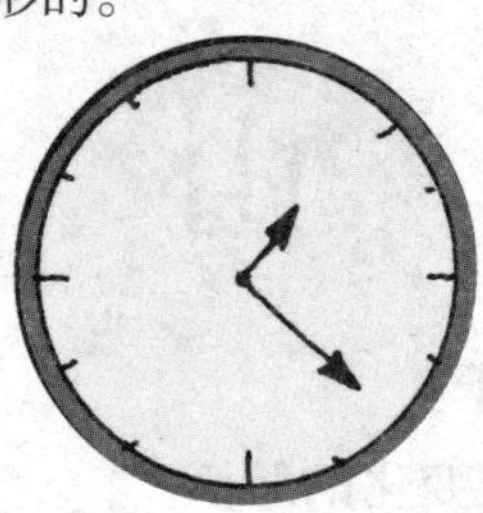

233. 选图形

应选4号图形。因为从左向右，图中的圆形越来越大。

234. 涂色

应该是这样涂色的。

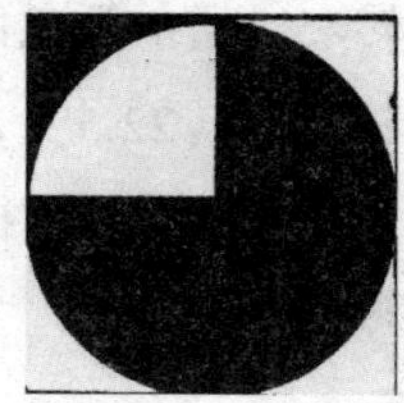

235. 推理图形

如图所示。

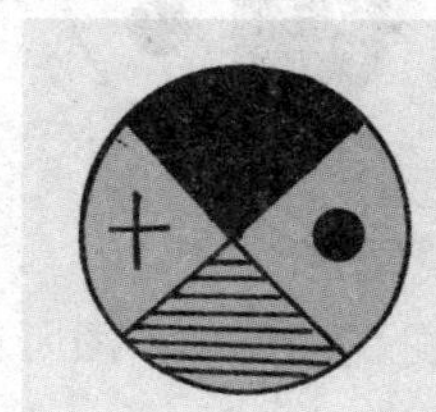

236. 选图形

应选择2号图形。因为上图图案中都有一条竖直线。

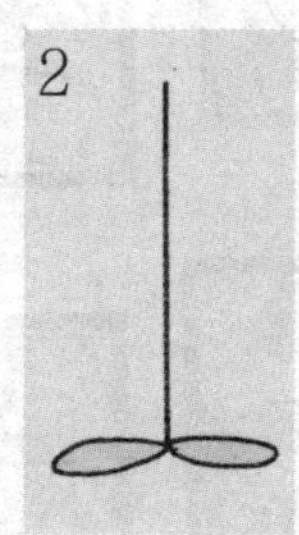

237. 补图案

补上的图案应是字母“D”的图案。因为前面几个是字母A、B、C。

238. 推理图形

如图所示。图中大圆黑色部分沿顺时针方向每转45°增加黑色面积，线条部分沿顺时针方向转22.5°，减少线条部分面积。小圆沿顺时针方向每次增加90°，故为黑色。

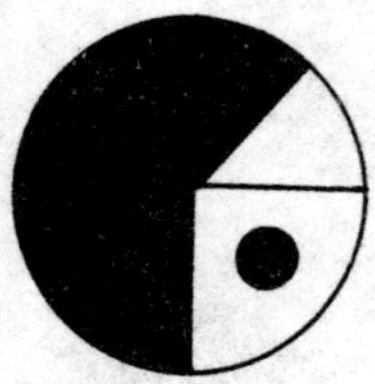

239. 填图形

各问号处的图形如下图所示。

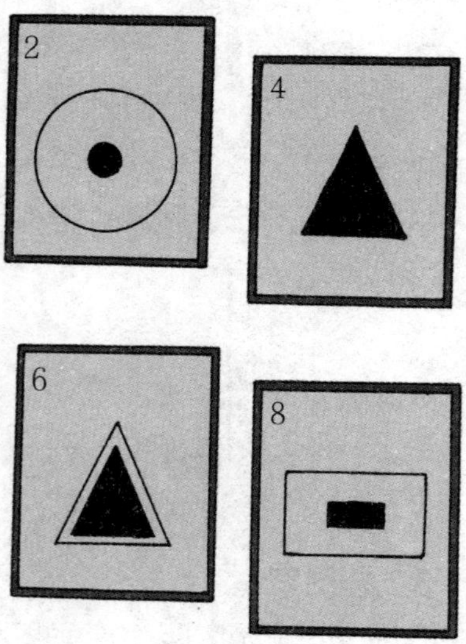

240. 选图形

应选2号图形。因为方格里的图形都有三个空间。

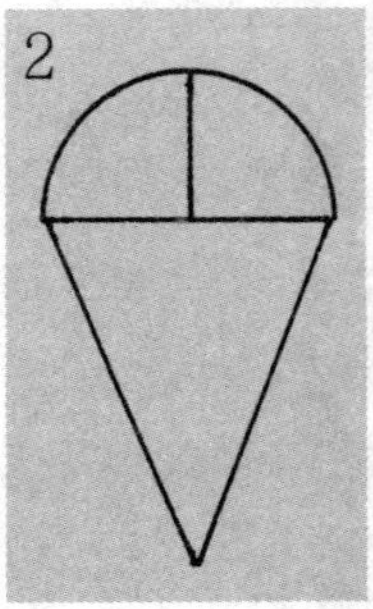

241. 什么图形

应该为空白的正方形。

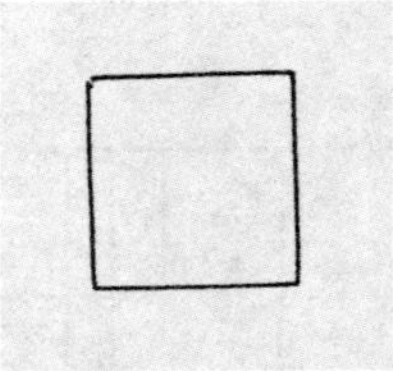

242. 填文字

应填入“山”字。因为第一排的字都是三画的字。

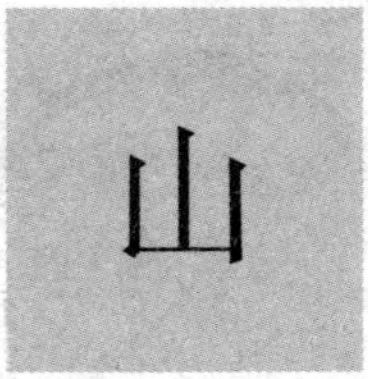

243. 变化的脸谱

如下图所示。

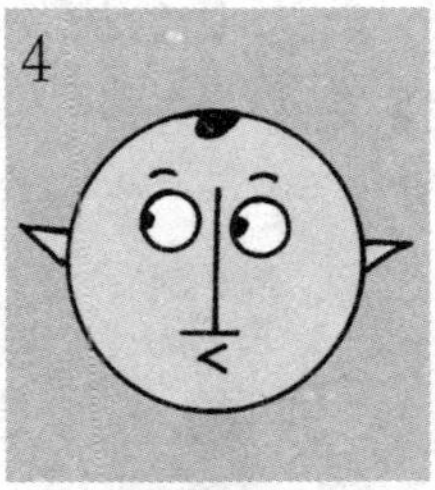

244. 填图形

选3号图形合适。因为图中都有曲线。

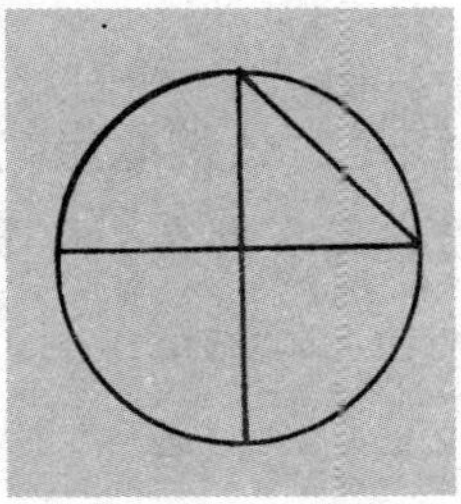

245. 区别图形

D图形。因为除D之外，其他所有图形中的小三角形都是它们所围绕的图形边数的二倍。

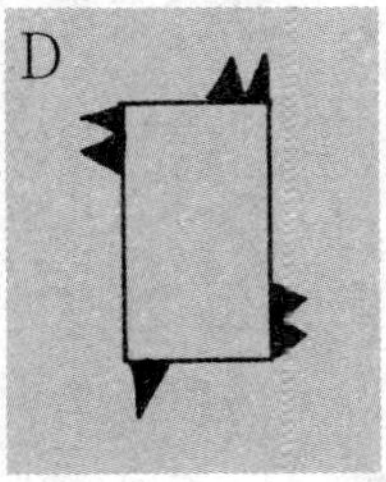

246. 几号图形

应放入1号图形。因为方格中的所有图形都有四个空间。

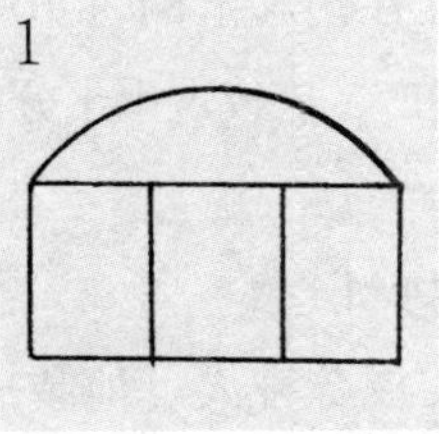

247. 选图形

应选3号图形。因为方格中的各图形上方的黑色部分不相同。

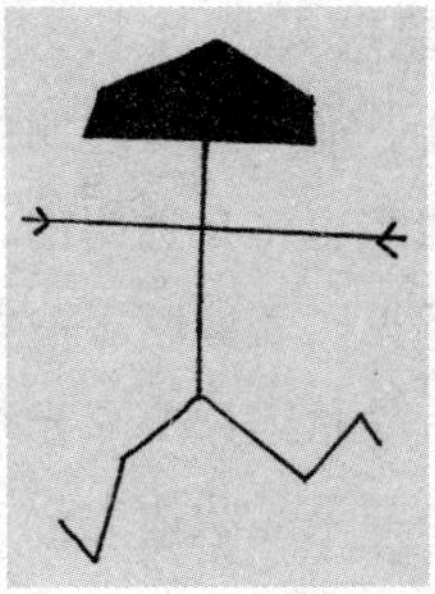

248. 辨认图形

3号图与众不同。因为它里面的线条只有两个方向，其他的都不止。

249. 照片

如果把相机快门打开3小时，那么所得到的照片不可能有清晰的星星图像。因为相机会随着地球的自转而移动，照片上的星光会呈现圆弧形的线条状。

250. 叶子下的金币

凶手就是汉斯的侄子。当探长说："金币就藏在叶子下面"时，一般的人会理解为树叶、菜叶等物品下，而不会想到叶形徽章且立刻翻他叔叔的尸体。

251. 编故事

瞎编的。既然从没有人活着回来，怎么会有人知道怪物的长相呢？

252. 隐形人

不可能。如果全身透明的隐形人存在，他的眼睛也将是透明的，那么他将什么也看不见，就像瞎子一样。我们知道眼睛里有晶状体，要靠光线折射才能看见物体。如果晶状体完全透明，就无法折射光线，也就看不见任何物体了。仅此一点，就可以判断是不可能的。

253. 巨款被劫

可怜的庄伟与巨款一起被劫匪劫持了。

254. 奇怪的举动

有可能。因为这家博物馆起火了，冲入博物馆的这些人是一群消防队员，他们灭了大火，当然受到了表扬。

255. 神秘的车灯

行驶的是两辆汽车。原来，看起来是一辆车的两个前灯，其实是两辆车并排行驶，各自将外侧的车灯熄灭后造成的假象罢了。

256. 狡猾的间谍

原来，铁路都是用一截一截的钢轨铺成的。为了避免因热胀冷缩造成铁路变形，每截钢轨之间都会留有缝隙，车轮轧在上面就会产生响声，也就是我们坐火车时所听到的“喀嚓、喀嚓”声。这些钢轨的长度都相等，而且也很标准，一般人都能了解到。所以D只要留意一下过山洞时，车轮发出的“喀嚓”声有几次，就可以推算出山洞有多长。

257. 钱是怎么被取走的

那辆红色轿车停在一个下水道井盖上。绑匪把轿车底盘挖个洞，并把车子和井盖的位置对位，这样，扔进车里的钱袋就可以落到开着盖子的下水道里，等在下水道里的绑匪接到钱袋后，就从下水道里逃走了。

258. 神秘的头巾

那位光头者最有嫌疑。因为作案者是从河里游走的，湿的衣服可以立即换掉，但头发却不能一会儿就干，电吹风也因停电不能使用。睡觉的那位长发青年头发并没湿，而那位光头者只要用手巾擦一擦就行了。所以二人中，他最有嫌疑。

259. 老学者的遗产

原来拴在钥匙上的古币就是父亲留给贝蒂的遗产，这枚古币十分昂贵。

260. 妙计

罗杰装成聋哑人。他装成聋哑人，让妇人把话写在纸上，证据在手后，她只好乖乖地走了出去。

261. 偷运木材

偷运者将木材绑在船底，这样通过关卡就可避免被发现。

262. 脚印做证

赵大去运尸体时扛着尸体，脚印深；回来时未扛尸体，脚印浅。由脚印深浅不同，可知赵大在说谎。由此推断出赵大有犯罪嫌疑。

263. 酒吧奇案

B的嫌疑大。凶手可以把毒汁装在钢笔里。

264. 毒品藏在何处

毒品藏在乙地。因为甲、丙两地的密电内容相反，必有一真一假。如甲地密电是真，则丙地密电必假，乙地密电应为真，不符合二假一真联络方法，毒品不在甲地。丙地密电“甲地无货”为真，若货在丙地，乙地密电也为真，同样不符合二假一真联络方法。当货在乙地时才符合二假一真联络方法。

265. 不好办

既然每件事情上意见都不一致，妻子提出离婚，丈夫也一定不接受。

266. 钻戒大盗

不是林超偷去了。林超是债主，是来取钻戒抵债的，如果再实施偷窃，未免太多余了。其实这是肖卫夫妇自编自演的闹剧，以便赖账。

267. 酒吧血案

探长从信的笔迹中发现布鲁特是个左撇子，而左撇子一般不会用右手执刀，刀多半是他昏迷后被别人塞到他手中的。

268. 黑夜枪声

探长上楼时，碰到的唯一女性是那位在楼梯间与男子相拥的女子，其实是凶手抱着被害的女子假装在拥抱。探长立即追了出去，抓住了凶手。

269. 演技太差

探长从啃过的苹果上看出了问题。如果在30分钟前啃过的苹果，其上的缺口就会因氧化而变成褐色，而地上咬过的苹果还未变色，由此可见助手在撒谎。

270. 碗中的头像

因为碗中反射出来的影像是个反影，所以雇员看见的左耳实际上是右耳。

271. 停电奇案

问题出在电冰箱。如果家里停电四天，那么冰箱里的冰块早就化成水了，哪来的冰水呢？探长由此判断出艾米在编故事。

272. 神秘的电话号码

这是一个误会，实际上凯奇已经说了电话号码为“八八八八四四四四”，人们以为他在口吃，所以没有重视。

273. 邮票藏在哪儿

窃贼把邮票贴在了电风扇叶片上。

274. 奇怪的判决

阿牛在汤圆内下毒，证据确凿，但遗嘱声明，老人若死于意外或自然，遗产就全部给阿牛，老人的死因是汤圆堵在气管内窒息而亡，而汤圆内的毒药并未咬破，所以谋杀罪不成立，因此阿牛可以获得遗产，但同时也要服刑。

275. 骆驼之死

因为骆驼胃里有钻石。这是一个全球性犯罪团伙所为。他们从国外进口骆驼时，让它吞了大量昂贵的钻石后躲过海关检查。入境后，他们再寻机杀掉骆驼，并从胃中取出钻石。

276. 传递情报

那个每天送报的邮递员是间谍，斯特只要把情报给他就行了。

277. 奇怪的异味

探长在江某家闻到一股来苏水的味道。按照常规，对传染病人住处消毒时才会用来苏水，江某家里没有病人，他用此药水除味，另有隐情。

278. 小偷哪去了

小偷先把外套扔进井里，把一只鞋子扔在井口旁，造成跳井自杀的假象。然后杀了个回马枪，扮成在花园里的一尊人物雕像，趁人不注意逃掉了。

279. 奇怪的电话

问题出在电话上。因为1930年以前，只要拨电话者不挂电话，电话就会一直处于通话状态，接听者如果想用自己的电话再往别处打，就会打不通。而石川又接着给探长打了电话报案，说明其中肯定有问题。

280. 小把戏

情报员的皮包上有三个扣眼，原来扣在最外面的现在却扣在了中间的扣眼上，说明皮包被人打开过。

281. 桥上疑案

手枪在河里。叶恒将手枪系在绳子的一端，然后在另一端系上比手枪重很多的一块大石头，再把石头吊在桥栏下。这样，叶恒开枪后，一松手，手枪便因石块的重量掉进河里。

282. 神秘的接头人

其实，那位接头人正是服务台的女服务员。广播的内容只是用来迷惑警察的，并不是真正在找人。

283. 间谍之死

因为被害的“1号”是个1.85米的大个子，而正南是1.6米的矮个子，显然凶手是知道“1号”的身高之后才会隔着门开枪击中他的头部的。

284. 图纸失窃案

赵工在撒谎。小区停电了，而邻居正好在这时又开始唱卡拉OK，这明显是矛盾的，所以一听就知道赵工在撒谎。

285. 失窃的汽车

车没油了。原来大伯知道这新车油箱里只有0.5升汽油，最多能跑5千米，他看到车库的油没动，知道盗车贼没有给车加汽油，汽车跑不远便会停下来，所以不慌不忙骑着自行车追上了汽车。

286. 机关算尽

虽说有伤口，衣袖也有口子，但衣袖上却没有血迹。人穿着衣服被砍伤而衣服上没有血迹那是不可能的。

287. 急中生智

故意闯红灯。小罗开着车故意闯红灯被交警开车追上，迫使汽车停下，这时小罗告诉警察车上的乘客是个逃犯。

288. 曝光的胶卷

原来，哈特将胶卷放在上衣口袋里，照X光片时又忘了拿出来，是X光线使底片曝光的。

289. 百密一疏

“大懒头”只换了车头的车牌，却忘了更换车尾的车牌。

290. 海底谜案

山田在说谎。因为研究所建在水下40米的地方，那里水压达到5个大气压。要想从这样的深度回到陆地，必须中途休息好几次，使身体逐渐适应压力的改变。如果只用15分钟就回到地面，那一定会患潜水病，不是特别情况绝不会冒这个险的，由此可见山田说了谎话。

291. 绝密胶片

间谍们很可能是用柔软的布帕将木棒包裹起来，击打“005”要害部位，这样见不到外伤，却能造成内伤。

292. 巨额保险

两岁的儿子。巨额保险的受益人是他的儿子，而儿子的抚养权在李太太手里；如果李先生去世，赔偿金暂时由李太太管理。但是，保险的事李太太并不知道，所以她不会对李先生下毒手。实际上，是两岁不懂事的儿子在玩耍时拔掉了李先生的氧气管，导致了李先生窒息死亡。

293. 旋风盗贼

刘小姐在说谎。刘小姐说她刚进房门时就被人打昏在地，而她手上拿的牛奶却好好地放在床头柜上，这是不可能的。

294. 假币报仇

原来小刚在商店闲逛时，故意将那张假币落在了那位店员的身旁。贪便宜的店员悄悄拾起假币，然后在准备花掉时，被人扭送到了公安局。

295. 一杯威士忌

那个女用人在说谎。酒杯里的冰块在两个小时后仍然在杯内没有融化，这是不可能的。可见那杯酒是后来才放进室内的，所以探长怀疑那个女用人在说谎。

296. 叶伟的马脚

叶伟在打开落地灯后，他是跨过舅舅身体回到门口的，那么，他去开灯时，肯定也要跨过舅舅的身体才行。只有事先知道有人躺倒在地板上，才有可能在伸手不见五指的黑暗中去开灯而不被绊倒。叶伟一不留神，露出了马脚。

297. 古怪的小屋

什么也看不见。房间里各个方向都镶满了玻璃镜片，又没有一点缝隙，按光学原理解释，那是进不了一点儿光线的，结果只能是什么也看不见。

298. 神秘的地方

原来小偷阿宏逃进了一个装有灯光照明设备的足球场。探长打开了场内的灯光，足球场一下亮如白昼。

299. 奇怪的血型

该被害人的血型为O型和A型，这是极特殊的事例，就是说被害人一个人拥有两种血型，这种情况被称为血型嵌合。另外，双胞胎的一方也常有两种血型，将此称为血型嵌合体。

300. 头发的秘密

一个人虽然可以改变发型，剪短头发，但是头发下面的皮肤会因太阳晒不到而形成较浅的肤色。通过这种深浅不一的肤色，就能知道这人以前留的究竟是长发还是短发。

301. 消失的金币

劫匪在公共汽车上安排了同伙，他将这些金币转移给了他的同伙，那些同伙趁机下车逃跑了。

302. 两个相貌

自首者是真正的嫌疑人。刘汉从大门的缝隙往外观看，由于光线的折射现象，让刘汉产生了错觉，所以将嫌疑人的圆脸错看成瘦瘦的脸。

303. 汽车牌号

李沙将车牌号看反了。李沙被车撞倒在地上后由于是倒转来看车牌的，所以将车牌号看成了891，肇事车应该是168。

304. 贼喊捉贼

他不是想投案自首。原来小偷在行窃时，不小心从高处摔了下来，腿也摔断了。于是，只好用手机给报警中心打电话求助。虽然被抓住了，但他的腿保住了。

305. 倒霉的宠物

因为“大威”把保险柜的钥匙吞到肚里了。原来被害人在打斗中，不小心将保险柜的钥匙丢失在地上，“大威”以为是什么好吃的，一口将钥匙吞到肚里。凶手为了取得钥匙，只能残忍地将它的肚皮割开。

306. 不翼而飞

这些稿子一定是预先写好的。因为当时海上狂风巨浪，客轮摇晃不定，那位作家写的文字不可能那么整齐端正。

307. 可疑的汽车

因为盗窃者停车时忘了先关刮水器，所以才会造成刮水器随着汽车发动而动起来的情况。这说明那人是在下雨的时候将汽车开来的，这与他所说的时间不符，这人肯定有问题。

308. 特殊老人

老人是位聋人。因为广播期间长寿镇没人外出，广播声又能被镇里每一个角落的居民听见，广播了这么久，仍未见那位老人露面，于是警长认定那位老人是个聋人。

309. 椰子树下的案件

是伪装的现场。椰蟹白天不出来活动，而且也剪不断椰蒂。罪犯相信了民间传说，制造了这个假现场。

310. 失败原因

两楼高度相差太大。两楼相距确实只有一米，但相邻的这座楼只有两层。这样，飞毛腿逃生时就掉到楼顶上摔死了。

311. 河堤案

李小姐的颈部有被手掐的痕迹，说明凶手是先将其掐昏再抛入河中的。

312. 飘舞的白布

不信。白布和旗子一样，没有风是

不可能飘舞起来的，当然也就看不清上面写的字了。

313. 消失的逃犯

逃犯恰好闯进了一场化装舞会。

314. 狡猾的劫匪

歹徒是将轿车开进事先预备好的厢式货车的货厢中逃走的。

315. 拔去插头的电风扇

是他杀。在这样的大热天里，张经理不可能不开风扇，那么，在他自杀后他不可能去把风扇插座拔掉，而且那份遗书也会被电风扇的风吹走。

316. 手臂上的枪伤

凶手不可能把枪伸到他胳膊内侧开枪。实际上是他自己持枪，枪口紧贴上臂内侧开枪造成的。

317. 手电的光束

手电光从门缝射过来时，保姆向外看，是根本看不见什么的。

318. 被盗的彩电

一个小偷先从利利家偷了一台电视机，另一个小偷又从这个小偷家里偷走了这台电视机。

319. 温度做证

有。原来一般人在死后10小时内，每小时体温下降速度约为1℃，如果死者是前天死亡的，则体温应该低，可探长测得的体温还保持在一个较高的水平，说明死者死亡时间不长，据此判断江平在说谎。

320. 走私

江海走私自行车。他把自行车推出境，卖了后空手回来。

321. 真假布朗太太

因为壁柜里的衣服和床上的布朗太太尺寸不符。

322. 井中之人

村长问："井又深又黑，尸首难辨，你怎么知道这尸首就是你丈夫？"那妇女无言以对，只好供出自己与他人合谋杀害丈夫的罪行。

323. 奇怪的颜色

丈夫是凶手。

探长看见死者的口唇呈青紫色，这是亚硝酸钠中毒的特征，而安眠药中毒是不会出现这种特征的。

324. 惊人的消息

这张报纸上的所有新闻都是假的。

天底下不会有这么巧的事发生。这

份报纸是专门为林先生编印的。凶手看准他的身体状况，用精神刺激法取他的性命，真是用心险恶。

325. 盛开着的花朵

不是自杀。死者患有花粉过敏症，如果在这里，她会马上打喷嚏、流眼泪不止，她绝不会选择这样一个地方自杀的。

326. 金币案

他在说谎。死者口袋里只有一枚金币，是不可能发出叮当的响声的。

327. 波尔中弹

同伴说那只鹿站起来时先立起前腿，而鹿站立时总是先立直后腿的，由此可以断定同伴在撒谎。

328. 凶器

凶器就是那盒空罐头。装有食物的罐头如石头般坚硬，所以能砸死死者，然后打开罐头吃光里面的食物就行了。

329. 水果刀做证

刀上有毒。凶手是妻子江敏，她把氰化钾涂在菜刀的一边来切苹果，因此切好的苹果一半带毒，另一半不带。她吃了那半个不带毒的苹果当然不会有危险。

330. 爆炸的货轮

凶手就是船上的黄豆。黄豆在较为密封的船舱内吸水后迅速膨胀，会发生爆炸。

331. 瓜棚疑案

这是他杀。破案关键在于死者头部的血肿上，虽说看瓜人呼吸道内有烟灰，但他还有头部受伤的痕迹，说明看瓜人在起火时尚未死亡，是在被人打伤头部昏迷后，再被人纵火焚烧致死。

332. 间谍的过失

他一枪打坏了胶卷。原来，他射出的子弹正好击中了“野狼”装胶卷的口袋，子弹把微缩胶卷射穿了一个洞，使胶卷不能冲印了。

333. 失盗的邮票

在门上。邮票藏在门上贴着的“福”字背后。

334. 智擒小偷

小偷手中的雨伞。小偷撑开的伞是干的，这说明他不是当日进博物馆的。

335. 手中的木筷

姓林的老师嫌疑大些。高强手中的筷子暗示姓林的是凶手，因为二“木”为“林”。

336. 照片破案

照片帮了忙。警方请来专家，将照片上的眼睛放大后，在瞳孔部位发现了这个绑匪的影像，警方以此为线索，很快找到了绑匪，救出了女孩。

337. 深夜的窃案

盗贼就是用人。既然停电，漆黑一片，用人不可能知道失窃的钱数和金表。

338. 用人的证词

用人是装的。阑尾在人体的右下腹，用人的疼痛点也应在右下腹。但探长按她左下腹她却大叫“痛”，这说明她是装的。用人露出马脚的原因是她不知道阑尾的准确位置。

339. 凶手是谁

梅小姐的男友周江。紫水晶是二月份的生辰石，梅小姐是暗示二月出生的周江是凶手。

340. 奇怪的凶器

挂钟的长针。长针是用薄钢制造的，末端尖锐。凶手用它刺伤被害人，然后把它擦干净，放回钟内，从而造成没有凶器的假象。

341. 两个弹孔

是窗户的原因。窗户是推拉窗，枪击发生时，两块玻璃有部分重叠，随后窗户被拉动，就出现了两个弹孔。

342. 丢失的货物

盗贼是保管员的妻子。仓库保管员复制了一把钥匙交给妻子，在他出去时由他妻子去偷窃。老刘跟踪保管员自然发现不了问题。

343. 假发的奥秘

帮帕特理发。当理发师把那半白半黑的假发理光时，就发现了A国的导弹分布图。

344. 遗书

是谋杀。钢笔脱去笔帽，所灌墨水又是挥发性很强的，经过三天，墨会堵住笔尖，一时便写不出字来，而这支笔能写出字，说明笔放在这儿不久，遗书是伪造的。

345. 火柴的秘密

火柴是邢台生产的。一般火柴易于制造并且容易受潮，因此大都在本地自产自销。这盒火柴是河北邢台产的，没有到过邢台是不大可能有的。

346. 奇怪的伤口

伤情不符。如果真像他说的那样，第一棍就被打倒在地，俯卧于地上，那么他的颅顶与额部就不可能再受伤。

347. 车子的阴谋

小江的妻子在说谎。既然她家有两部车子，为什么出事前没有开出没坏的那辆，而出事后才开出。这说明小江的妻子在说谎。

348. 一杯毒酒

奥秘在酒中的冰块。哥哥先在冰块的中心放入透明的毒药，然后将冰块放入酒杯内。他喝时，冰块尚未融化，所以没事，弟弟喝后就中毒身亡。

349. 泥人破案

工匠手上的泥人是破案的关键。工匠在歹徒去拿钱的时候把歹徒的形象逼真地捏了出来，警察因此很快抓住了歹徒。

350. 离奇的伤害

他打烂了航标灯。原来，赵伯是灯塔管理员，所以他打烂了航标灯后，便导致夜航的船看不到信号而触礁，后果非常严重。

351. 巧破杀人案

凶手是船老板。警察对船老板说："你每天叫门，叫的都是布老板，今天为什么叫的是老板娘？你怎么知道布老板不在家？分明是你杀人抢财，又假意去叫门的。"这下你明白了吧！

352. 证人的证词

月光不可能照到被告人的脸上。因为律师查到10月18日晚是上弦月，到了晚上11点钟，月亮就西沉了。

353. 火红的大丽花

凶手是死者的挚友。因为大丽花含有背叛的意思。凶手记恨死者出卖他，所以采取如此报复手段。

354. 神秘的凶器

很有可能。凶手用保险绳系住滑雪杆，再把绳子的另一端卷在手腕上，将滑雪杆抛向卡米，刺中卡米的胸口后，再用力拉回滑雪杆，所以在现场找不到凶器。

355. 留在肚子里的子弹

依据是留在体内的子弹。根据弹道学理论，如果是自杀，不论怎样，距离都有限，子弹必会穿过自己的身体，根本不可能留在体内。由此可以判断是他杀。

356. 珠宝大案

不信。她的话有问题。在黑暗中发现入室者是个高个子，这是可能的，但不可能发现对方是个黑皮肤的人。凯莉小姐很有可能在撒谎，骗取赔偿金。

357. 血型破案

蚊子。原来他在室内被蚊虫叮咬过手臂和脖子，他无意识地打死蚊子扔在地上，因此，死蚊子体内留下了他的血液。

358. 伤痕断案

甲额头上的伤痕。甲和乙斗殴时，他身上肯定受了伤。甲额头上的伤痕就是证据。

359. 习惯露马脚

这人一定有前科。如果是初犯，他不会在警察没有提示前知道在改动过的笔录上也要按指印。他做得这么熟练，说明他很有可能是个惯犯啰！

360. 舞会的秘密

因为莎丽选择的是铝罐装饮料。

361. 奇怪的脚印

行凶者很可能是厨师。现场大而浅的脚印，是矮小的厨师穿了一双大鞋留下的脚印。

362. 消失的脚印

倒着往回走的。原来，小偷走在沙滩上，过了一会儿，便踩着来时的脚印倒着往回走，离开了沙滩。

363. 浴室被害者

被害人自己的长发。凶手从背后用被害人自己的长辫子将她勒住，随后，凶手将被害者的辫子松开，弄成好像是因洗澡而散开的样子。

364. 报考警察

小明说："我不考了。"

365. 露出破绽

那个搞破坏的人，不是别人，正是阿龙。因为警察并没有告诉阿龙那人进屋乱喷漆的情况，而他却知道，说明阿龙就是那个人。

366. 可疑之处

他的飞行线路可疑。因为从曼谷有直达北京的航班，没有必要绕这么大个圈子。即使是旅游，哪有一天之内飞那么多地方的？经审查，这人果然是贩毒者。

367. 失踪的爱马

空中盘旋的乌鸦。西边的上空有几群乌鸦在盘旋，乌鸦最爱吃腐臭的动物尸体，就是它们给探长指了路。

368. 奇怪的绑匪

绑匪就是赎金寄送点邮局的邮差。因为除他以外，没有人能够收到这封信，并且也不会引起对他的怀疑。

369. 借据丢失后

纳斯丁让卡尔马上写信给帕特，催她尽快还借给他的2500金币，收到信后帕特急忙回信声明自己只借了2000金币，卡尔因此重又得到了借款的证据。

370. 小偷是谁

张三是警察，李四是医生，王五是店主，赵六是小偷。根据①、②可知张三、王五不是医生；根据①、②、③可知张三、王五不是小偷；根据④可知李四不是小偷，所以赵六必是小偷；根据⑤可知王五不是警察，王五必是店主，张三是警察，李四是医生。

371. 谁是老实人

老四说的是真话。因为他们兄弟五人讲话的内容互相矛盾，因此只可能有一个是正确的，其余四个都说了谎。这就可推出说“我们五人中，有四个人在说谎”的人讲了真话，这个人就是老四。

372. 上菜

三种菜都要的有14人，只要花椰菜的有4人。

373. 谁有罪

刘江有嫌疑。推断如下：因为赵正不会开车，而作案人又是开车跑掉的，所以推断出作案人是刘江和黄卓中的一个。由于黄卓不会单独作案，所以此案中必包括刘江。

374. 干活

佳佳洗菜，丁丁淘米，乐乐烧水，贝贝担水。从已知可得：只要贝贝担水，那么就是佳佳洗菜，接着可以推出其他人干什么了。

375. 奇怪

因为贝贝看到大哥脸上挂满了黑灰，以为自己的脸也同样有灰尘，所以去洗脸，而大哥看到贝贝的脸上干净，以为自己脸也是干净的，因此没有去洗脸。

376. 猜糖

对方手里拿的是软糖。因为如果对方拿的是硬糖，双方会很快做出判断，只有双方手上拿的都是软糖，才无法判断对方手上是什么糖。

377. 见面

能相见。如果第二天下雨，两个人可以在雨天不出门的朋友家会面，同样道理，不管第二天是什么天气，其他两个人都可以到那天不出门的那人家里去，问题解决了。

378. 偷吃者

C是偷吃者。D说了真话。假如A说

真话，则D说谎，推出B说的话和A不符合。同样一个个假设过去，最终可得D说了真话。

379. 取筷子

最少要拿4支筷子，才能保证有1双颜色相同。因为先拿红、黄、白筷子各1支，这时再拿任何1支颜色的筷子，都必然与其中1支颜色相同。

380. 什么职业

先排出从上到下四人住楼层顺序，只有丙是医生的情况下，题中所述现象才有可能，因此四人所住楼层上下顺序为丁、甲、丙、乙。从丙是医生的情况推知甲为工程师，乙是演员，丁为会计。各自楼层为：工程师住八层，演员住三层，医生住五层，会计住十五层。

381. 抓阄儿

两张纸条上都写着“不行”，小李吞进的纸条无法看见，而经理手里剩下的纸条上写着“不行”，根据规则，反向推理，那么吞进肚里的当然应该是“同意”了。

382. 真假牧师

牧师在二号牢房，骗子在一号牢房，赌棍在三号牢房。推断过程下：①假设牧师在一号牢房，因牧师说实话，可知不成立。②假设牧师在二号牢房，无法判断是否成立。③假设牧师在三号牢房，也不成立。用排除法可知牧师在二号牢房。

383. 坏蛋与小孩

小孩说：“这件事情就是你会放了我。”坏蛋要是做得到，就把小孩给放了，要是做不到，按他自己说的话，还是要把小孩放了。

384. 邻座是谁

老二的邻座是“四”和“五”。因为老三的邻座不是老五，所以，他的邻座只能是老大和老六。在一、三、六这三个人的坐位排完后，其他三人的座次便只有一种坐法了，那就是老二坐在老三的对面，他的邻座是老四和老五。其圆形坐次为一、三、六、四、二、五。

385. 谁是谁

A是无赖，B是张老板。若A是张老板，回答当然是“有”，若A是无赖，为了隐瞒自己的身份，也应该回答“有”。也就是说，这个问题本应该只有一个答案，而A回答“没有”，可见A是无赖，B当然是张老板了。

386. 排顺序

五个人的出生顺序为花花、敏敏、欢欢、莉莉、珍珍。敏敏出生日早于莉莉的天数，同珍珍晚于欢欢的天数相同，敏敏在莉莉前；欢欢在珍珍前。花花比欢欢早生两天，之间应该有一个人出生。这个人如果是莉莉，则五个人的出生顺序为敏敏、花花、莉莉、欢欢、珍珍，这显然不成立。所以，花花与欢欢之间应是敏敏。

387. 求职者

他说的是谎话。如果这位求职说下一位求职者讲真话，那么就证明他是个讲谎话的人。没有一个说谎话的人承认自己是说谎者。

388. 分颜色

只要拿出“黄白”袋中的一个球即可。因为每个袋子中所装的球都与标签不一致，如果你拿出的是黄球，那么“黄白”袋子就只能是装了两个黄球，而“白白”袋中装的是一黄一白，“黄黄”袋中装的是两个白球；其他情况也能推理出。

389. 谁最后回来

小杨最后回宿舍。

390. 六个按钮

开门的按钮是从左边数第5个。如果用F表示该按钮，则6个按钮自左至右的位置依次是DECAFB。

391. 成绩

顺序为小颖、小敏、小兰、小红。若小敏说得正确，那么其余三人说得都正确或至少两人说得不正确，不合题意。因此，小敏说得不正确，其余说得正确。

392. 便宜鞋

九折优惠的那家便宜。

393. 过河

左边坐的是一年级女生，中间坐的是一年级男生，右边坐的是二年级男生。

394. 下棋

丁一局也没胜。这是因为两人对局一次，一人要下3局，共6局，丁败给甲，丁不可能胜了3局，如果丁胜2局或1局，甲、乙、丙三人胜的局数不会相同，只有丁一局未胜，甲、乙、丙三人各胜2局才合理。

395. 重量

甲90公斤，乙120公斤，丙160公斤。

396. 钢笔

已知四人中只有一人说的是真话，推断如下：假如甲说的是真话，那么乙说的也是真话，与条件不符，排除了丙捡笔的可能。同理，丁说的不是真话，所以捡笔的也不是甲。假如是丁捡的，则丙和乙说的都是真话，与条件不符，可见，捡笔的一定是乙。

397. 学校和专业

由甲大学的孩子不是学历史的，乙大学的学化学，可推出甲大学的孩子学生物，丙大学的学历史。因老二不在乙大学，不学生物，那么他只能在丙大学学历史；又因老大不在甲大学，那么他显然在乙大学学化学；余下的老三便是在甲大学学生物了。

398. 错误

如果小明说的是实话，即以前只说过三次谎，当然小华的说法不对。如果小明以前没有说过谎或者只说过一次或二次，那么这次顶多是三次。小华的说法也不对。如果小明以前说过三次以上谎言，那么这次至少是第五次，总归不是四次。因此不管小明说过几次谎，小华的说法都是错的。

399. 考试卷

开始考试时间是下午四点，佳佳五点零四分完成试卷（用了64分钟）。

400. 好医生

C医生最好，第一句话是错的，符合题意。

401. 男子汉

应该是（3），张华的儿子。因为我儿子的父亲还是我。

402. 从事的工作

丽丽是舞蹈演员和小提琴手，莎莎是作家和歌唱演员，媛媛是教师和画家。

403. 帽子颜色

C的帽子是红色的，因为黑色的只有两顶，A和B头上所戴的都是黑帽子，所以C断言自己头上的必为红帽子。

404. 搭档

赵、张、吴、李是女选手，孙、王、林、朱是男选手。四对搭档为：朱——李，王——吴，孙——赵，林——张。

405. 谁放走了猫

是博良放走了猫。只要比较一下金娜、莎莎和列那的说法，可以判断他们讲的全是实话。由此得出结论，猫是博良放走的。

406. 什么人

当然是北婆罗洲土著人。

407. 三张牌

从左到右依次为：红桃K、红桃A、

方块A。

408. 四对夫妻

王和徐、李和吴、陈和钱、周和孙分别为夫妻。

409. 提包颜色

小兰提包是白色的。

410. 两棵桃树

老大说了谎。

411. 车型号

赵军是50型，余明是100型，洪波是125型。

412. 百米冠军

C是冠军，李杰的看法是正确的。

413. 什么人

中间的是农民，右边的是小偷。

414. 钥匙

三个人分别掌握房间甲、乙、丙的三把钥匙，再把剩下的房间甲的钥匙挂在房间乙里，把房间乙的钥匙挂在房间丙里，房间丙的钥匙挂在房间甲里。这样不论谁先到家，都能凭手中掌握的钥匙，拿到进入其他人房间的钥匙。

415. 几只袜子

只要拿出三只袜子就可以了。

416. 孙女

只有（1）是肯定正确的。

417. 拿糖

只要每盒拿两粒糖就行了。

418. 什么关系

小姐的回答其实一点儿用没有。一句话，他们俩就是夫妻关系。

419. 选菜

芹菜、莴苣和烤鸡。

420. 谁是冠军

冠军是C道上的3号。通过假设各种情况来判断，可知只有“D、E、F道上的4、5、6号绝对不是冠军”这句话是对的。

421. 头顶祥云

当歌女们听了相士的话，都好奇地向赵王妻子头上仰望，独有赵王妻子不好意思抬头。

422. 不同的问题

可以有多种问法，只要是A族否定但B族肯定的问题或者A族肯定但B族否定的问题就行。例如：“你是A族人吗？”A族的回答应是“维瓦”，B族的回答也是“维瓦”。

423. 谁是姐姐

当时是上午，高个子的是姐姐。原因如下：如果现在是下午，姐姐下午说假话，她就该回答：“我不是姐姐。”没有人这样回答，因此是上午。又由于上午说真话的是姐姐，可以判断高个子的是姐姐。

424. 如何说

阿果应该说：“你大概不想把游戏机给我玩吧？”如果阿果说对了，阿聪就要履行诺言，把游戏机给阿果玩；如果阿果没有说对，那就等于说阿聪想把游戏机给阿果玩，阿果仍然可得到游戏机玩。

425. 过生日

佳佳出生在南半球的澳大利亚，那里的冬天正好是北京的夏天。

426. 能喝的水

水能喝。船员先问了自己知道的天气问题，再问自己不知道的水能不能喝的问题。土人在回答这两个问题时的话语一致，假如是诚实民族的，则“拉谷娃”的意思是“是”，诚实的“是”就是肯定的意思，这说明水能喝。假如他是说谎民族的，则“拉谷娃”的意思是“不是”，而说谎的“不是”正说明了肯定的意思，这也说明水能喝。

427. 星期几

他们回答一样，那么证明肯定有一个人今天说谎了，而其中一个人今天说的是真话。再由说话内容是“昨天我说谎了”推出：今天说谎的人昨天肯定没说谎。同理，由今天说真话的人推出：昨天他说谎了。由昨天说谎变为今天说真话和昨天说真话今天变成说谎话这两点必定能推出：昨天星期三，今天星期四。

428. 回击

小明的回击是“对，牛弹琴”。

429. 罗刹国

唐僧问：“你的神志正常吗？”这话便可区别答话者是人还是夜叉。回答肯定的都是人，而回答否定的都是夜叉。

430. 纽扣

同学说：“如果他看见我背后的是黑纽扣，他一定会走出来说自己身后的是白纽扣，他现在不出来，我又看到他身后不是黑纽扣，那么我推断我身后一定是白纽扣。”

431. 购物

结果是：A夫人买的手巾，B夫人买的帽子，C夫人买的书，D夫人买的鞋子，E夫人买的戒指，F夫人买了衣料。

432. 谁摸到东风

陈要对面的人先发牌，当然不是东风。谢在陈下家，也不是庄家。金也非东风，因为柯在他右边，是摸到东风的庄家，也就是陈叫他最先发牌的人。因此，摸到东风发牌的应该是柯。四人座次为：柯东风，金南风，陈西风，谢北风。

433. 爱好

姓胡的是木工，爱好绘画；姓刘的是电工，爱好音乐；姓杨的是车工，爱好文学。

434. 决斗

死者不是被做了手脚的A。因为电光一闪，高举钢剑者成了一个良导体，就要触电；而竹剑是不导电的，所以死者是B，生者是A。

435. 问路

佳佳应问："师傅，我要去A城，您猜对面那位师傅会告诉我朝哪边走？"不管佳佳问哪一位鞋匠，他只要朝鞋匠所指的相反方向走，一定能到A城。

436. 取木块

10块。因为有可能一次摸出8块都是红色的，那么第9块必然是绿色的，所以摸出10块，必定有两种颜色各两块了。

437. 名次

据题意，三个班得分数是三个连续数，所以甲、乙、丙三班的得分数只能分别是12分、11分和10分。甲班得名次人数最少，因此肯定少于4人，但却得了12分，即得第一名2人，第三名1人。乙班没有第一名，总分是11分，即第二名3人，第三名1人。丙班第一名1人，第三名1人，第四名3人。

438. 掷钱币

钱币正面朝上的可能性仍为$\frac{1}{2}$，因为钱币没有记忆。

439. 绳梯

仍为四米多。因为船是浮在水面上的，随着潮水的涨落而上下，所以甲板至水面的距离永远不变，绳梯的长度也永远不变。

440. 姓名

女姓王，23岁；男姓丰，27岁。

441. 预言家

预言家说："用绞刑处死。"若真用绞刑，预言就没错，应该枪决。然而，要执行枪决，就说明预言是错的，那就必须用绞刑。结果，便不能用任何一种方法杀死他。

442. 最漂亮

甲的孩子从丙处得三票，从甲、乙处各得一票。

443. 几圈

B币转了两圈。因为A币围绕B币转动，相对来说B币也围绕A币在转动。

444. 什么人

莎丽的女婿。

445. 三位小朋友

小丽没穿花裙，没戴凉帽，小红没穿花裙。所以，扎小辫的是小丽，戴凉帽的是小红，穿花裙的是小琳。

446. 取笔

这个题很简单，只要贝贝从每盒中取一支就行了。

447. 意思近似

③这句话与“物以类聚”意思最相近。

448. 游客

在A、B、C、D、E这5对夫妇中，A、B、C中的丈夫都是D夫妇的孩子。A、B、C中的妻子都是E夫妇的孩子。所以，除了这10人外，并无其他人，乘坐限员12人的汽艇还有余。

449. 名次

詹姆斯为第一名，以下名次依次为约翰、沃特、威尔和乔。

450. 取袜子

两人只要在商标纸连着的12只袜子中，各取一只就可以了。